*Welt der Poesie • Almanach
deutschsprachiger Dichtkunst für das Jahr 2014*

WELT DER POESIE

ALMANACH
DEUTSCHSPRACHIGER DICHTKUNST
FÜR DAS JAHR 2014

Herausgegeben von
Dr. Johann-Friedrich Huffmann

FRIELING

Was die geneigten Leser vorab wissen sollten:
Wir geben unseren Autoren die Freiheit, selbst über den Gebrauch von alter, neuer oder Schweizer Rechtschreibung zu entscheiden, daher variiert auch die Schreibweise in dieser Anthologie.

Bibliografische Information der Deutschen Nationalbibliothek
Die Deutsche Nationalbibliothek verzeichnet diese Publikationsreihe in der Deutschen Nationalbibliografie; detaillierte bibliografische Daten zur Reihe sind im Internet über http://dnb.d-nb.de abrufbar.

© Frieling-Verlag Berlin
  Eine Marke der Frieling & Huffmann GmbH & Co. KG
  Rheinstraße 46, 12161 Berlin
  Telefon: 0 30 / 76 69 99-0 · Fax: 0 30 / 7 74 41 03
  Internet: www.frieling.de · E-Mail: redaktion@frieling.de

ISBN 978-3-8280-3246-0
1. Auflage 2014
Umschlaggestaltung: Michael Reichmuth
Sämtliche Rechte an den einzelnen Beiträgen sind den Autoren vorbehalten.
Printed in Germany

INHALTSVERZEICHNIS

SABINE AURICH *9–13*
Du • Engel auf Zeit • Mein Bruder • Wie muss Kunst sein? •
Der Tag, an dem ich mein Herz verlor

CHRISTIAN BARSCH *15–24*
Hiddenseebilder • HEXE KRET

HANS-JÜRGEN BOCIANIAK *25–38*
Abschiedstrunk • Gedanken eines enttäuschten Liebhabers •
November Blues • Von der Verfertigung eines Sonetts • Wie
Kant sich einmal irrte • Selbstheilung • Kurze militärhistorische
Anmerkung • Von der Kunst des Reimens • Begegnung mit
der Fee • Bescheidene Ziele • Die Entstehung des Aua-Hahns •
Kleine Fragen – Große Antworten • Der Fremde

MARIANNE BRENTZEL *39–43*
Herbst • Winter • Fastnacht • Frühling • Ostern

MANFRED ELSÄSSER *45–58*
Goethe und Elsässer • Politische Hoffnung • Sehnsucht und
Erfüllung • Nächstenliebe • Die Materialisten • Kirche heute •
Liebe gegen Zeitgeist • Kirche und Welt • Deutsche Mauer •
Warum ich Christ bin • Die Jahrhundertflut • Vom Segen des
Redens • Zwei Lebenseinstellungen • Geheilte Beziehung •
Drei frühere Klassenkameradinnen und ich

JULIA ENGELS *59–64*
Frühling • Sommer • Herbst • Winter • Die Liebe • Blödsinn!

INHALTSVERZEICHNIS

MICHAEL FERLEMANN *65–81*
Herbst-Musen · Intro • Tage und Nächte • Tag und Nacht •
Beide • Neue Horizonte • Für die Zwei • … zu diesen Bergen
der Sehnsucht … • Zu Hause • Meine Musen • Herzschläge •
Die Tänzer • Berührungen • Herbststürme • Halloween •
Durchsehen … • Liebe • Epilog

REGINA FRANZISKA FISCHER *83–88*
AUF DER FLUCHT oder GOTTVERTRAUEN •
FRÜHLINGSWEHEN • Gott ist die Liebe • HAIKU
KUNTERBUNT

ILSE FOX *89–102*
Morgen • Weihnachtsgedicht • Liebe • Du • Mein ICH •
Frühling • Ein Sommertag • Sommertag • DU • Ein Engel •
Weihnacht • Weihnachtsgrüße • Neues Jahr • Im Park • Wie ein
Fluss • Erwachen

NINA FÜRKÖTTER *103–108*
(M)Ein Leben für andere • Mein Baby • Zwei Wege •
Waldgeister • Mein Weg zur Arbeit • Im Wald

JÜRGEN FÜRKUS *109–113*
In jener Nacht • Zeit • Pfingsten in Berlin • Privilegiert • Der
Kalte Krieg

HILDRUN HAUTHAL-STEGNER *115–120*
Körner und Mist • Träume und Wirklichkeit • Blühende
Landschaften • Alter und Schmerz • B i l a n z

INHALTSVERZEICHNIS

ELISABETH HEINZ *121–130*
Geschichten aus meinem Orgelleben • Ein Kind hält Einzug in diese Welt • Neue Erkenntnisse über Aggressionen •

HORST JESSE *131–137*
1) Begegnung • 2) Globale Welt • 3) Offen • 4) Winter •
5) Festzeit • 6) Stadtbesuch • 7) Ich – Du

HEINRICH LAUINGER *139–146*
100 Jahre Sportabzeichen • Die Kirrweiler Spiele mit Steinen • Brey • Der Krieg • Buchzeichen

JÜRGEN MOLZEN *147–154*
VON DER ERSTEN MODE • POESIE KOMMT NIEMALS VON NIRGENDWO … • DER … • DER MAULWURF • DORFFRIEDHOF • GEDICHTE ATMEN … • FRÜHLING … • DARAN … • APRIL, APRIL • ERBSCHAFT • OSTEREIER-NACHLESE • MORGEN-SCHRECK • DER KEILER GRUNZI RINGELSCHWANZ • DIE BIRNE

KLAUS-PETER NEUMANN *155–159*
Hauptgewinn • Träume • Des Königs Hof

BARUT OKTAY *161–187*
In der Stille der Nacht • In der Hölle • Die Liebe mit der Seele • Weil das so ist • Die Liebe sagt alles • Die Liebe ist anders • Lebensphilosophie • Lebensphilosophie II • Wenn die Nacht so still ist • Erklär mir alle Liebe • Gott ist mein Schöpfer • Schuldig • Kritische Gedanken • Ich habe, ich weiß, ich sehe • Lebensschicksal • Lebensschicksal II • Gott und Teufel • Philosophie • Ich habe keine Seele • Was tust du, Gott?

NANCY STEINHOFF *189–194*
Nur ein Augenblick • Wenn der Schnee fällt in Russland •
Eine Schlittenfahrt im Schnee • Ein Weihnachtsgedicht •
Weihnachtsgrüße vom Schneeflöckchen • Der Zauber der
Schneekönigin

CORNELIUS VONDERAU-PRÜTZ *195–200*
Gedichte zur Liebe *(Erinnerung ans erste Mal · Liebestraum
Nr. 4 · Stellenweise Liebe · Mare nostrum · Dich zu Mir ·
Nachts, allein, nur mit Dir · Illusion · Abschiedsessen)*

SABINE WICH *201–207*
Am Totenbett • Am Grab der Eltern • In meinen Händen ruht
der Tag • Sommerlaune • Still ruhen nun die Fluren • Später
Abend

Autorenspiegel *209–216*

SABINE AURICH

Du

Jeden Tag ziehst du mich in deinen Bann.
Schaue dir nach, aber nicht lang.
Sehe gleich, was dich bedrückt.
Es macht mich traurig,
so ein Mist.
Versuche, dir ein Lächeln zu entlocken.
Bezeichnest mich als Engel ...
Ist das versprochen?
Bin kein Engel,
meine Flügel längst verbrannt.
Ertrage es nicht,
wenn du nicht verströmst,
was mich zog in deinen Bann,
unbeschwert und leicht.
Sorgen? Okay, gibt's in jedem Lebensbereich.
Der Gedanke an dich, ...und dass du mir zeigst,
ein Lächeln für mich.
Worte, die ich nicht sagen kann,
eine Geste ... uns den Moment verbannt.

Engel auf Zeit

Schwingen von Tauben,
viel zu klein.
Doch nicht die, die ich mein,
groß und stark,
zu segeln in jeder Lebenslag.
Hundert bis Tausend an jeder Seit.
Eine Feder als Vergleich.
Am Anfang reines Engelsweiß,
in der Mitte ein Fleck,
für die Jahre, die mich verletzt.
Am Ende zum Dank
die Spitze ins Blut getaucht.
Verletzter mit jedem Jahr,
tropft die Seele blutend in den Tag.

Mein Bruder

Gefangen, komme nicht hinaus.
Alle sind um mich herum, wem soll ich vertrauen?
Nur meinem Blut. Mit ihm teile ich.
Hab doch nur ihn, fühl mich trotzdem allein.
Krämpfe schütteln mich.
Was ich will,
bekomme ich,
auch wenn es kracht.
Wächter soll ich erwählen,
ich verbrenne,
warum kann es keiner verstehen?
Und sehen schon gar nicht …
Mein Bruder soll nie gehen!

Wie muss Kunst sein?

Wie muss Kunst sein?
Jeder Künstler ist gemeint.
Ob in Bild, Musik, Wort, Skulptur in Stein,
die Kunst ist, was Jahrzehnte vereint.
Wie muss Kunst sein?
Abstrakt, modern?
Fantasie kann man nicht verlern.
Die Jahre vergehen,
Bilder, Musik, Worte und Skulpturen
bleiben bestehen.
Jeder kann erahnen,
was die Künstler im Leben gebaren.
Wie muss Kunst sein,
wenn nicht für die Ewigkeit?!
Auch die Künstler dieser Zeit
sollen bleiben bis in die Unendlichkeit.

Der Tag, an dem ich mein Herz verlor

Der Tag, an dem ich mein Herz verlor,
war der Tag, an dem alles gefror.
Ich hielt es schon jahrelang
an einem Faden, er war zu lang.
Dünner und dünner wurde er noch.
Die Tränen schufen ein dunkles Loch.
An dem Tag, an dem ich mein Herz verlor,
stürzte es hinab ins tiefe Moor.
Das Leben so lang,
ohne Herz …
Nichts getan.
Sprang hinein ins schwarze Loch,
suchte nach dem Herz, das ich verlor.

Christian Barsch

Hiddenseebilder

35 Nach Neuendorf wollen wir heute fahren,
der Himmel ist grau und der Bodden blank;
das kleine Motorschiff ‚Gellen' zieht tuckernd
mit südlichem Kurs an der Insel entlang.

In Schwärmen folgen uns schreiende Möwen,
um Brot zu erbetteln; sie fressens im Fliegen.
Der Hafen verkleinert sich, und allmählich
sieht fern man im Nebel den Dornbusch liegen.

Wie klein ist die grüne, glückliche Insel,
wie schmiegt sie sich tief in die Wasserfluten!
Wir fahren vorbei an schaukelnden Bojen,
an schwimmendem Netzwerk samt Stangen und Ruten.

Da öffnen sich langsam die Wolkenschleusen,
in ziehende Schwaden löst sich ihr Schwall;
es wehn meine heiteren, klaren Gedanken
wie Rauch durch des Regens sprühenden Fall.

   Himmelweit weht denn, Gedanken, nun freier,
   schweigend, oktoberhaft hin durch den Regen!
So werdet ihr stiller und seht wie durch Schleier
sich Leidenschaften und Qualen bewegen. –

Schon Vitte vorbei; denn Neuendorfs Häuschen
begrüßen uns, weiß geputzt, strohdachgedeckt.
Hier hat wohl vor fünfundzwanzig Jahren
die See meine Liebe zum Schweigen geweckt.

Das Schiffchen legt an. Wir laufen vom Hafen
zum westlichen Strand mit der felsigen Mauer;
sie liegt in tropfendem Grau, eine Schlange
aus Stein. Der Nachmittag – grau und grauer.

Unendlich strömt aus den Wolkenschleusen
in ziehende Schwaden verwandelter Schwall;
und all meine heiteren, klaren Gedanken
verwehen wie Rauch in dem sprühenden Fall.

   Himmelweit weht denn, Gedanken, nun freier,
     schweigend, oktoberhaft hin durch den Regen!
So werdet ihr stiller und seht wie durch Schleier
sich Leidenschaften und Qualen bewegen.

Um endlich zu ruhen, um ganz zu verstehen.
(Möcht solche Irrtümer nicht mehr begehen.)
Dann geht es zurück. Die Häuser nur
bleiben hinter des Schiffchens quirlender Spur.

36 Daß sich der Lebenssaft längst
     gestorbener Riesen bis heute,
wenn auch versteinert, erhielt,
     zeigt uns, wie wertvoll er ist.

Was wird von uns nach Äonen
    sich spätren Geschlechtern erweisen?
Wenn überhaupt etwas, dann
    nur unser Stärkstes: die Tat.

37 Welle, die du rollst zum Strand,
    o sag mir,
hast du je dein Ziel gekannt?

Sturmwind, der du drüber gehst,
    o sag mir,
wußtest du, wohin du wehst?

Glutlicht, das du strahlst wie Spiel,
    o sag mir,
sahst du vorher je dein Ziel?

Jedes wirkt auf seine Weise
in ihm vorbestimmtem Kreise
nach gewaltigen Gesetzen,
die einander nie verletzen,
weil sie kettengleich entstehen.
Wer kann seinem Kreis entgehen
durch Erkenntnis oder Klagen?
Wenn wir schaffend ewig uns erneun,
muß am Ende etwas übrig sein
    von den flüchtigen Erdentagen.

38 Neblig und kalt schleicht der Abend
   heran, kein Windhauch belebt ihn;
reglos, wie Blei liegt die See,
   still und unheimlich zugleich.
Unergründlichem nahe,
   gewahrst du den Wandrer, er sagt dir:
Noch gibts manch Rätsel wie dies;
   lös es, indem du verehrst.

39 Der letzte Sonntag wirft
hellgoldne Sonnenglut
   durch Regenwolken.
Das steile Ufer senkt sich
 tief hinab vor mir
zum weiten Wasserspiegel;
die Wellen rollen klein
aus fernen Nebeln her
wie ein bewegter Teppich …

So liegt im Licht die Welt,
des Seins chaotisch Meer,
   wenn sichs von weitem
suchenden Augen bietet.
   Schwindelnd seh ich nur
statt seelenloser Vielheit
unendlich weite Flut
aus Nebeln grau und nackt
den Riesenteppich bilden …

   Ja, wie ein Riese sitz
   ich über meiner Zeit
      am Schöpfungstage;
   jedoch nicht kalt und gähnend,
      sondern voller Mut,
   teilnehmend, hoffend blick ich
   hin auf das Wellenmeer,
   das sich aus Nebeln herrollt
   wie ein bewegter Teppich …

40 Grau ist der Himmel, und kalt fährt
>der Wind durch raschelnde Dünen;
Welle auf Welle rollt an –
>Sonne, wo flohst du nur hin?
Peitsche die Dünen, Sturmwind!
>Umbrandet die Küste, ihr Wellen!
Blasend und spülend mit Macht
>ändert ihr schließlich die Welt.

41 Versuch ich nun zum Schluß, die Tage
und Bilder ganz zu übersehen,
bin ich im stillen annähernd zufrieden.

Zwar ihr melodisch klares Wehen
verblaßt gespiegelt etwas; dennoch
mag es nach Jahren immerhin bestehen.

Zurück geb ich die Silberharfe
ewigem Wandrer. Und im Gehen
noch höre ich der See erhabnes Rauschen.

So nimm mein Lied! Die Welt mag schmähen;
du, Liebste, wirst es besser schätzen.
Wollt ich darin doch leise das erhöhen,
>was ewig gilt.

CHRISTIAN BARSCH

HEXE KRET

DER ANFANG
War einer, der gern schattig saß,
Gedichte schrieb wie stets gern las
(dies brachte ihm vor allem Spaß),
sein Ringsumher fast ganz vergaß.

Man sprach von ihm, wie man so spricht:
Normal ist dieser Jemand nicht.
Ein Mensch, der Verse achtet und
gar welche schreibt, ist nicht gesund.

(Meist heißt es ja, geistige Schlankheit
sei weiter nichts als eine Krankheit
und stehe der Natur entgegen.)
Ihm war an Umkehr nicht gelegen.

Den Seelarzt holte man, der rief:
„Schnell urteilt es sich aggressiv.
Vielleicht liegt seine Mitwelt schief,
denn es ist vieles relativ."

Der Versifex schien kaum beeindruckt.
Wer etwa doch bei ihm hineinguckt,
sieht, wie er Praxiswelt verlacht
und weiterhin Gedichte macht.

(Vor kühn gezacktem Versgeschiebe
bei vielbergigem Buchgetriebe
durch Hexwelt-, Reim- und Rhythmussiebe
schreibend – der Heiterkeit zuliebe.)

E r s t e r   T e i l

1.

Im tiefen Wald, im tiefen Wald
wuselt die Hex und wird nicht alt.
Und wird nicht alt. (Ist auch nicht jung.)

Vorm Häuschen liegt ein Häufchen Dung
für die Tomaten, den Salat;
Goldsonnenblumen blühn am Pfad.

Des Waldes schöner Wipfelwuchs,
das Studium ihres Zauberbuchs,
der Vöglein und es Katers Ton

nebst einer kleinen Kollektion
von Wundertränklein, die sie braut,
machen ihr wohl in ihrer Haut.

Indessen fern die Riesenstadt
Radwirr, Giftwust und Höllwerk hat;
durch die wird alles ganz verheerend

bequem und gut und besser, während
ein Qualmbaum, kolossal geästet,
ringsum das helle Blau verpestet.

Im tiefen Wald, im tiefen Wald
wuselt die Hex und wird nicht alt …

2.
Die Madam, längst nobel,
geht in Fuchs und Zobel,
fährt in teurem Wagen
(blau-gold ausgeschlagen),
trinkt schon morgens Sekt
(der ihr oft nicht schmeckt).
Kaviar und Lachs
schlemmt sie – ach, ein Knacks,
der es in sich hat,
ist das Resultat.

Man beschwört massiv
Dr. Konjunktiv;
dessen höchst famose,
kluge Diagnose
flüchtet sich in Wollte,
Könnte, Müßte, Sollte,
Dürfte, Hätte, Wenn,
Aber, Doch und Denn.

„Madam Vielheit, du",
seufzt, aus ihrer Ruh
fahrend, Hexe Kret,
„schläfst mies, wirst zu ... fleißig
im Genuß, das weiß ich.
Vorne schlemmst und lungerst,
hinten aber hungerst
du – o meine Liebe,
das sieht äußerst trübe
aus. Beherrsch dich, zähme
Sachgier, Wohllebdrang
(Gutes macht dich krank),
meide die Extreme."

3. ZWISCHENBILANZ
Raschem Zeitzug folgend, fuhren
auf den Straßen der Viel-Welt
acht Millionen PKW (hat
Frau Statistik festgestellt).

Nach zehn raschen Jahren waren
es schon dreizehn Millionen,
zwei Jahrzehnte drauf dann zweiund-
zwanzig Komma fünf. Stolz thronen

die Gigantenzahlen, denn fünf
Jahre später rollten munter
fünfundzwanzig Millionen
Kraftstoffschlucker; und noch bunter

ist es heute (Frau Statistik
zählt gequält): knapp neunundzwanzig
Millionen Autos wimmeln
straßhin, -her. Höhnisch entwand sich

diese Schlange dem Gesamtroh-
stoff des Globus. Und dabei
fraß sie in Prozent zum Beispiel
siebzig Gummi, fünzig Blei

und je zwanzig Stahl und Rohöl.
„Hoffentlich ist euch das klar
(endigt Frau Statistik), denn ich
gebe keinen Kommentar."

    Unsre Kret, der man die
        Zahlen zeigt,
    schaut sie durch die Brille
        an und schweigt.

        *

Hier hat sich Frau Statistik offenbar
im Zahlenwerk – kein Wunder bei der Jahr
für Jahr anwachsenden Tabellenschar –
geirrt. Macht nichts. Denn die Tendenz ist klar.

   (Und dieser Weiter-Ruhesessel
   wird zunehmend zum Hexenkessel,
   wobei wir noch nicht einmal reden
      von Umweltschäden.)

   4.
So wie Charakter und Geist
getreu sind, sich Äußeres wandelt,
liefern auch wir gleichen Sinn,
nur etwas anders verpackt. –

   Ei du Donnerwetter!
   Welcher Attentäter
   mischt besondres Hüpfen
   in gewohntes Schreiten?

Laß uns deinen Deckel lüpfen,
Topf der tausend Heimlichkeiten:

   Einen Hauch von Maß,
das sonst auf Speziellland wächst,
   hat als kleinen Spaß
uns die Kret hierher gehext.

HANS-JÜRGEN BOCIANIAK

Abschiedstrunk

Der Sommer geht.
Die Temperaturen haben sich gewaschen.
Zugvögel packen schon die Reisetaschen.

Den Becher hebt der Star ganz leise
Und trinkt auf eine gute Reise.

Die Drossel zählt gesparte Kohle
Und fällt kopfüber in die Bowle.
Der Kiebitz schreit: Zum Wohle!

Die Meise hüpft im Kreise
Und freut sich auf die Reise.
Die Amsel murmelt nur ins Bier:
Ich flieg noch nicht, ich bleib noch hier.

Die Schwalbe außer Rand und Band
Fliegt trunken gegen jede Wand.
Der Kuckuck kotzt und lallt jetzt nur:
Ich will zurück in meine Uhr.

Nicht alle sind dem Trunk ergeben,
Die Nachtigall will keinen heben.
Es raunen auch die Raben:
Absurd, wenn Vögel einen Kater haben.

Am nächsten Morgen sind sie fort.
Adi, der Storch, ist noch vor Ort
Und schaut ganz traurig und betroffen.
Er hat das Reisegeld versoffen!

Gedanken eines enttäuschten Liebhabers

Wie in heißer Sonne Schnee
Schmilz ich dahin, wenn ich Dich seh.
Wenn ich mich durch das Leben quäle,
Bist Du mir Balsam für die Seele.

Wenn Wolken mein Gemüt umhüllen
Und Tränen meine Augen füllen,
Kommst Du als Rettung, meine Wonne,
Bist für mich Sterne, Mond und Sonne.

Ein Blick in Deine Augen: Herrlich!
Für Nichtschwimmer jedoch gefährlich.
Lässt Du nicht deine Lider sinken,
Lauf ich Gefahr, dort zu ertrinken.

Für Dich habe ich gern geschuftet,
Trotzdem bist wortlos Du verduftet.
Die Sterne habe ich für Dich geputzt,
Doch Du hast mich nur ausgenutzt.

Ich wünsche Dir recht viele Falten
Und einen Sturz in Gletscherspalten.
Wenn Sterne mal vom Himmel fallen,
Solln sie auf Deinen Hohlkopf knallen.

Ich träumte, es macht einen Knall,
Und Du hast plötzlich Haarausfall.
Dabei verschwände über Nacht
Die blondgefärbte Lockenpracht.

Auch fände ich es richtig nett,
Würdest Du allmählich fett.
Da ich Dich nun hab' am Wickel,
Richtig hübsch sind auch noch Pickel.

Zu Sprüchen, die Gemeingut sind,
Zählt auch, die Liebe mache blind.
Doch glaube ich, dass wirklich wahr ist:
Man sieht viel mehr, als wirklich da ist.

So könnt ich endlos weitermachen.
Mein Zorn weicht langsam einem Lachen.
Und eines zeigt doch dies Gedicht:
Nachtragend bin ich wirklich nicht!

November Blues

Ich wache auf – es ist sehr kühl.
Ich öffne nur ein Auge.
Ich hab' nicht wirklich das Gefühl,
Dass dieser Tag viel tauge.
Doch will ich wirklich sicher sein
Und hol die zweite Meinung ein.
So hebt das Lid des zweiten sich
Und sinkt gleich wieder nieder.
Der Anblick ist so fürchterlich
Und mir zutiefst zuwider.
Dort schwebt über der großen Eibe
Und blickt durch meine Fensterscheibe,
Hebt nass und neblig-grau die Tatze:
Die hässliche Novemberfratze.
Ich schließ die Augen, sag: Gut Nacht!
Weckt mich erst, wenn die Sonne lacht.

Von der Verfertigung eines Sonetts

Die Stimme rief: Verlass das Bett
Und schreibe endlich ein Sonett.
Dafür bin ich die erste Wahl,
Das wollte ich schon immer mal.

Jedoch muss ich mich arg beeilen,
Die Form gibt mir nur 14 Zeilen.
Außerdem muss ich beim Reimen
Nach einem festen Schema schleimen.

Zwar: Inhalt hat das Ganze keinen,
Doch bin ich rein künstlerisch
Voll und ganz mit mir im Reinen.

Hier folgt – entgegen jeder Norm –
Der Inhalt einfach mal der Form.
Da habt Ihr das Sonett.

PS (und außer Konkurrenz):
Ich geh' nunmehr zurück ins Bett.

Wie Kant sich einmal irrte

Statt einen Film mir anzusehen,
Wollt' ich lieber in mich gehen.
Doch auf dem langen Weg in mich
Traf ich dort das Ding an sich.

Es war so winzig, wirklich klein,
Laut Kant dürfte es dort gar nicht sein.
Denn in Königsberger Ecken
Konnte er es nicht entdecken.
So war er dann der festen Meinung,
Zu sehen sei nur die Erscheinung.

Seitdem kann man recht sicher sagen:
Die Antworten auf große Fragen
Werden meistens dann nichts taugen,
Haben Denker schlechte Augen.

Selbstheilung

Trinkst du des morgens heißen Tee
Und tut dabei dein Auge weh,
Füll jetzt nicht der Ärzte Kasse:
Nimm nur den Löffel aus der Tasse!

Kurze militärhistorische Anmerkung

Ein Offizier zur See, das war die Norm,
Trug einen Dolch zur Uniform.
Doch tat er keinem Menschen weh,
Er stach damit stets nur in See.

Von der Kunst des Reimens

Für wirklich anspruchsvolle Reime
Reiße ich mir aus die Beime.
Der Zugang zu des Dichtens Kunst
Ist mühsam, keineswegs umsunst.

Ihr mögt nicht diese Reime?
Dann gibt es weiter keime.
Macht euch doch euren eig'nen Reim,
Ich trink inzwischen ein Glas Weim.

Begegnung mit der Fee

Ich stapfte lustlos durch den Schnee,
Da sah ich sie – die Märchenfee.
Sie blickte etwas mürrisch drein,
Denn sie schien reichlich müd' zu sein.
Sie meint, ihr Dienst sei nicht vorbei,
Ich hätte noch drei Wünsche frei.

Wenn ich schon hab'das Recht zur Wahl,
Grins' ich – randvoll mit Weihnachtspunsch –,
Dann habe ich nur einen Wunsch!
Doch den erfülle mir dreimal.
Darauf zischt sie: Was fällt dir ein,
Du männliches Sexistenschwein?

Man sieht: Die Fee in ihrer Wut
Ist wie ein Mensch aus Fleisch und Blut.

Bescheidene Ziele

Durch die Welt ich schweife
In einer Endlosschleife.

Ich fliege in die Ferne,
Meist widerwillig, selten gerne.

Ich reite in die Weite,
Niemand an meiner Seite.

Ich treibe – vor mir Leere,
Sehnsüchtig durch die Meere.

Ich bin ein Mensch ohne ein Ziel.
Ach, halt – ich wollte noch nach Kiel.

Gut ist es für des Menschen Treiben,
Wenn Ziele überschaubar bleiben!

Die Entstehung des Aua-Hahns

Fühlt ein Wesen Schmerz und Trauer,
Ruft es hin und wieder „Aua".
Hier wird jedoch eingewandt,
Bei Tieren sei dies nicht bekannt.

Mag sein, dass es bisher so war,
Bis eines Tages dies geschah:
Ein Fuchs, der schlich auf allen Vieren,
Das Hühnervolk zu dezimieren.

Den Bauern ärgerte dies sehr,
Deshalb griff er zum Schrotgewehr.
Von nun an lag des Nachts der Bauer
Zum Schutz der Tiere auf der Lauer.

Da kam er dann, der Hühnerklauer,
Und machte keinen Mucks.
Wer schaute frech über die Mauer?
Ihr ahnt es schon, der Fuchs!

Schnell hebt der Bauer das Gewehr,
Er ist nervös und zittert sehr.
So endete des Kugels Bahn
Im Federkleid des armen Hahn.

Der Schütze stand im Dämmerlicht
Und traute seinen Ohren nicht.
Bevor der Hahn verschied auf Dauer,
Krächzte er laut und deutlich „Aua"!

Und so entstand – und das ist wahr –
Der Gattungsname Aua-Hahn.
Hier bemerkt nun ein ganz Schlauer,
Richtig schreibe man doch Auer.

Gut! Wird von mir auch geduldet,
Als der Rechtschreibreform geschuldet.

Kleine Fragen – Große Antworten

Zunehmend muss der Mensch sich plagen
Mit reichlich komplizierten Fragen.

Warum im Sommer – kaum beginnt er –
Sind Tage länger als im Winter?
Das macht die Wärme, rundheraus,
Denn rein physikalisch dehnt die Wärme aus.

Ist die Sonne wichtiger oder der Mond?
Es ist der Mond, er leuchtet nachts speziell.
Die Sonne jedoch scheint am Tag,
Da ist es ohnehin schon hell.

So sag ich ohne Arroganz:
Fragt mich und ihr werdet spüren,
Durch das Meer der Ignoranz
Werd' ich euch trocknen Fußes führen.

So sei in Zukunft euer Streben,
Durch Fragen Dummheit zu beheben.

Der Fremde

In großer Wut bin ich nicht hier,
Ich bin dann völlig außer mir.
Auch träumend bin ich keine Zier,
Denn dann steh' ich neben mir.

Auf manche Dinge freu' ich mich,
Wie gestern den Termin zum Essen.
Doch wer nicht dort war, das war ich,
Denn ich hatte mich vergessen.

Nach dem Rat, nach mir zu sehen,
Wollt' ich endlich in mich gehen.
Auf diesem Weg musst' ich verschnaufen
Und sah, ich hatte mich verlaufen.

So bin ich weiter dort und hier,
Niemals aber ganz bei mir.
Das führt jedoch dazu am End':
Ich bin mir weiterhin selbst fremd.

Die Trauer war dann nicht gering,
Als ich plötzlich von mir ging.
So stand ich dann am Grabesrand
Und dacht': Den hab ich nicht gekannt.

Marianne Brentzel

Herbst

Bunte Blätter an den Bäumen
lassen uns voll Sehnsucht träumen.
Spaziergänge an frischer Luft
vermitteln uns des Herbstes Duft.

Sonnenblumen säumen den Weg,
man sieht sie jetzt an jedem Steg.
Äpfel, knackig rot und frisch,
kommen heute auf den Tisch.
Der Wein funkelt im Glas
und macht uns nun so richtig Spaß.

Der Herbst ist ein guter Freund.
Alles, was er mitbringt, hat er so gemeint.
Dieser Segen kommt von oben.
Wir wollen Gott, den Herren, loben.

Winter

Der Winter lacht uns froh entgegen
und will vor allem, dass wir leben,
und den Tag genießen und lachen,
und viele schöne Dinge machen.
Einen Schneemann bauen, macht Riesenspaß,
werden wir dabei auch richtig nass.
Schlitten und Ski den Berg rauf und runter,
macht die müden Glieder munter.
Spazierengehen tut der Seele gut
und gibt uns wieder frohen Mut.
So endet ein Tag voll Heiterkeit und Glück,
und jeder von uns denkt gern an ihn zurück.

MARIANNE BRENTZEL

Fastnacht

Fasching, Fastnacht, Karneval,
auf den Straßen ist Krawall.
Mann und Frau in bunten Gewändern,
aus verschiedenen Zeiten und auch Ländern,
singen, staunen, tanzen, lachen,
Witze erzählen und auch machen.
Ob Groß, ob Klein,
wir lassen alle rein,
vertreiben den Winter und seine Zeit
und sind für die Wärme des Frühlings bereit.
Karneval, Fasching und auch Fastnacht,
darauf freuen sich nicht nur die Wilden und Ungestümen,
nein, wir alle wollen den Karneval rühmen.
Wir verabschieden uns mit einem kräftigen Alaaf und Helau,
sind wir auch ein bisschen blau.

Frühling

Der Frühling steht vor meiner Tür.
Ich öffne ihm.
Er will zu mir.
Die Sonne scheint auf ihre Weise.
Geht sie nun auf eine weite Reise.
Frühling ist für mich die schönste Jahreszeit.
Jetzt ist es endlich wieder soweit.

Ostern

Ostern – das Fest der Liebe und Kerzen,
das geht uns heute so richtig zu Herzen.

Ostern – Suche nach dem Ei,
Symbol des Lebens,
bricht es auch schnell entzwei.

Ostern – Blumen leuchten auf dem Rasen
oder schmücken unsere Vasen.
Bunte Blumen machen uns froh,
geht es Euch nicht ebenso?

Ostern – Jesus ist in unserer Mitte,
und wir gehen mit ihm kleine Schritte.

Ostern – vorbei ist die Fastenzeit.
Ostern – wir sind alle dafür bereit.

MANFRED ELSÄSSER

Goethe und Elsässer

Wenn ihr mir zu bedenken gebt,
„Es irrt der Mensch, solang er strebt ...",
dann setze ich das Goethewort
mit einem eignen Reime fort:
Wie schön wär's, wenn man darin irrt,
dass hier nie etwas besser wird.

Politische Hoffnung

Es wird sich manches ändern, denn
es sagt Obama: „Yes, we can!".
Ich hoffe, dass er sich nicht irrt,
denkt er, dass vieles besser wird.

Wenn leider sich die ganze Welt nicht,
wie Obama will, verhält,
bekäme er dann noch den Spott:
„Oh dear, Obama, you can not."

Sehnsucht und Erfüllung

Wir sehnen uns nach Ehrlichkeit,
auch wenn wir Fehler machten.
Doch macht sich auch die Sorge breit,
man könnte uns verachten.

Denn leider ist auch Wissen Macht,
das wir von uns verraten.
Und mancher ist darauf bedacht,
uns damit dann zu schaden.

Und darum denkt ein Mensch, er müsst'
von sich so viel verschweigen
und stets sich besser, als er ist,
den andern Leuten zeigen.

Doch drängt man immer nur zurück
belastende Gedanken,
dann kommt man nie zu wahrem Glück,
kann seelisch leicht erkranken.

Von solchem Unheil ist befreit,
wer Einen hat gefunden,
der so wie Christus Schuld verzeiht,
weil er mit ihm verbunden.

Nächstenliebe

Sich anderen in die Hand zu geben
und dabei Hilfe zu erleben,
das zähl' ich zu dem Wunderbaren,
was man im Leben kann erfahren.

Die Materialisten

Sie tun zwar so, als ob nichts wäre,
als würden sie zufrieden sein.
Doch spüren sie des Lebens Leere,
und Unmut kehrt bei ihnen ein.

Manfred Elsässer

Kirche heute

Es hat die Kirche jetzt entdeckt,
wer wirken will, braucht Show-Effekt!
Weil das den Leuten mehr behagt,
als wenn man Gottes Wort klar sagt,
weil dieses auch von Sünde spricht,
und so etwas gefällt doch nicht.
Egal, ob man an Christus glaubt,
was Eindruck macht, das ist erlaubt.
Doch wer das Neue Testament
gehört, gelesen hat und kennt,
der weiß, Matthäus 4 sagt klar,
dass Show-Effekt Versuchung war,
die, weil sie einst des Satans List,
von Jesus abgewiesen ist.
Wird nun die Kirche wie die Welt,
dann ist es schlecht um sie bestellt.
Mir ist um ihre Zukunft bang,
denn dann droht ihr der Untergang.
Die Kirche ist nur dann von Wert,
wenn Christus als ihr Haupt sie ehrt,
wenn Gottes Geist in ihr die Kraft,
die in ihr gute Früchte schafft,
und wenn man in der Kirche sieht,
dass Gottes Wille da geschieht.
Gott hält an seiner Kirche fest,
wenn IHN sie in sich wirken lässt.
Will ohne IHN sie wirksam sein,
dann stürzt beim großen Sturm sie ein.

Liebe gegen Zeitgeist

Ich sage dieses mit Bedauern,
ich finde immer wieder Mauern,
die Menschen rings um sich errichten,
um immer mal hinein zu flüchten,
um sich in ihnen zu verbergen,
damit die anderen nicht merken:
Es gibt bei ihnen in den Ecken
so manchen Unrat zu entdecken.
Man spürt, wie heute Menschen meinen,
stets überlegen zu erscheinen
und stets Erfolge zu erzielen,
wenn mehr stets, als sie sind, sie spielen.
Ich wünsche, dass sich Liebe findet,
die solche Mauern überwindet,
weil sie mit Worten und mit Taten
nur helfen will und niemals schaden.
Gott möge seinen Geist neu geben,
dass viele solche Liebe leben.
Denn schon im Galaterbrief heißt es:
Es ist die Liebe Frucht des Geistes.

MANFRED ELSÄSSER

Kirche und Welt

In einer nicht genannten Stadt
ein Pfarrer diese Worte sprach:
Wenn Kirche keine Botschaft hat,
macht sie der Welt dann alles nach.

Deutsche Mauer

Die Mauer, die einst Deutschland trennte,
sie ist verschwunden mit der Wende.
Doch stellte fest ich mit Bedauern:
Es gibt auch um die Herzen Mauern.
Um diese langsam abzubauen,
braucht man von Mensch zu Mensch Vertrauen.
Und dieses kann man nicht erzwingen.
Es kann ein Wachstum nur gelingen,
wird durch erbarmungsvolles Lieben
der Argwohn aus dem Herz getrieben.

MANFRED ELSÄSSER

Warum ich Christ bin

Ich habe einen großen Schatz
von unvergleichbar hohem Wert,
der nur in Christus wird beschert.
Weil einstmals er von Gottes Thron
zu Menschen kam als Gottes Sohn
und so als Mitmensch uns kam nah,
ist Gott auch als mein Vater da,
der liebevoll stets an mich denkt
und, was mir nötig ist, mir schenkt,
der mich errettet aus Gefahr
und tröstet, wenn ich traurig war.
Durch Christi Tod vor langer Zeit
bin ich von aller Schuld befreit.
Er nimmt von mir, was mich bedrückt.
So werde ich von ihm beglückt,
denn ich nehm' glaubend dankbar an,
was Er nur Menschen geben kann.
So gibt er mir den Freiheitsraum,
der sonst nur ist ein Menschheitstraum.
Gott gibt uns Christen seinen Geist,
der stets den rechten Weg uns weist,
so wie die Bibel ihn beschreibt,
die klar uns lehrt, „was Christum treibt",
der uns vor dem Versucher warnt,
damit der uns nicht ganz umgarnt,
der mehr als nur das Auge sieht
von dem, was in der Welt geschieht.
Er gibt Christen auch die Kraft,
dass er, was Gott gebietet, schafft.

Doch lenkt des Christseins höchster Sinn
den Blick auch auf die Zukunft hin,
die Christus uns eröffnet hat
durch das, was einst mit Ihm fand statt.
Nach seinem Tod auf Golgatha
am dritten Tage dies geschah,
dass dessen Macht er überwand
und von den Toten auferstand.
Er kehrte dann, den Engeln gleich,
zurück in seines Vaters Reich.
Und weil nun ein getaufter Christ
im Glauben ihm verbunden ist,
weiß er, wohin sein guter Hirt
dann nach dem Tod ihn führen wird.
Und dieses wunderbare Ziel
bedeutet für sein Christsein viel.
Denn gibt es jetzt auch manche Not
und manches Leid, dass ihn bedroht,
so macht die Hoffnung das doch leicht,
weil einmal er das Ziel erreicht,
wo er in Gottes Ewigkeit
von allem, was bedrückt, befreit,
ganz nahe seinem Heiland dann
nur Herrliches erleben kann.

Die Jahrhundertflut

Es denkt der Mensch in seinem Wahn:
„Das Leben läuft nach meinem Plan.",
bis durch die Flut ihm deutlich wird,
dass er in seinem Hochmut irrt.
Doch ist vom Übermut befreit,
der Mensch zum Helfen gern bereit,
dann ist sogar ein Bruch vom Deich
trotz allem Leid auch segensreich.

Vom Segen des Redens

Das Nötige nicht zu besprechen,
das kann sich manchmal furchtbar rächen.
Es ließe sich so manches klären,
wenn wir vertrauensvoller wären.

Dass mehr es kommt zu solchem Schritte,
hab' ich an alle eine Bitte:
Dass jeder Mensch barmherzig werde,
so wie es einstmals Jesus lehrte.

MANFRED ELSÄSSER

Zwei Lebenseinstellungen

Es gibt wohl Menschen, welche meinen,
sie müssten immer so erscheinen,
dass alle Menschen sie verehren,
als ob sie ohne Fehler wären,
weil immer nur mit ihren Gaben
sie Herrliches geleistet haben,
und es in ihrem ganzen Leben
bestimmte Dinge nie gegeben.
Von denen muss man wohl bekennen,
dass es Versagen ist zu nennen.
Doch dürfen Fremde solche Flecken
in ihrem Leben nie entdecken.
Man findet schlimm, wenn andre merken:
Ich hab' da etwas zu verbergen ...
Drum dürfen sie in manchen Fällen
bestimmte Fragen niemals stellen.
Und wenn sie dennoch es mal wagen,
was man nicht möchte, doch zu fragen,
dann muss man halt mit Drohgebärden
erreichen, dass sie ruhig werden.
Und wenn sie nicht sich danach richten,
da muss man dann darauf verzichten,
um ihrer dummen Fragen wegen
die Freundschaft weiterhin zu pflegen.
Ich finde so etwas nicht richtig.
Ich finde vielmehr dieses wichtig,
dass über alles man kann sprechen,
auch über Schuld und über Schwächen,
dass man, anstatt das zu verschweigen,
man darin kann die Liebe zeigen,

dass man zum anderen will stehen,
egal, was irgendwann geschehen.
Es ist doch herrlich zu erleben:

Es ist mir alle Schuld vergeben.
Und wird mal irgendwas gefunden,
dann ist als Schuld das längst verschwunden.
Man kann trotz allem mit Vertrauen
in Freundschaft auf den andern bauen.

Manfred Elsässer

Geheilte Beziehung

Verdrängt nicht die Vergangenheit,
auch dann, wenn ihr belastet seid,
weil keiner völlig das vergisst,
was irgendwann gewesen ist.
Man drückt nur unschönen Befund
hinab in seiner Seele Grund,
wo manchmal später diese Last
sich hoch drängt, wenn es gar nicht passt.
Und fängt man dann zu kämpfen an,
auch zur Demenz das führen kann,
weil eben dann man das zerstört,
was doch zu einem selbst gehört.
Und das bereitet große Pein,
so aber muss es doch nicht sein.
Wenn alles man beim Namen nennt,
auch sich zu seiner Schuld bekennt,
zum andern das Vertrauen wagt,
dass er das „Ich verzeihe dir" sagt,
dann ist ein großer Schritt getan,
der alles bringt auf rechte Bahn.
Und findet dann Vergebung statt,
so wie das Gott verordnet hat,
der dem barmherzig Gnade schenkt,
der selbst so handelt, redet, denkt,
dann kehrt, da kann man sicher sein,
ein Frieden in die Seele ein,
der mehr, als man es je gedacht,
zufrieden, froh und glücklich macht,

weil Gottes Segen dann erfährt,
wer Liebe kriegt und sie gewährt.
So tut es jedem Menschen gut,
wenn er den Willen Gottes tut.

Drei frühere Klassenkameradinnen und ich

1. C.
Vor's Herz hat sie ein Schloss gehängt,
dass niemand mehr hinein sich drängt.
Doch ist es falsch, wenn sie dann meint:
Wer das versucht, der ist ihr Feind.

2. K.
Auch sie will für ihr Herz nur Ruh',
drum hält die Tür zu ihm sie zu.
Jedoch erlaubt sie dann und wann,
dass durch ein Loch man illern kann.

3. A.
Schwer ist der Weg zur Herzenstür,
doch öffnet's Fenster sie dafür.
An ihren Augen man es sieht,
was tief im Herzen drin geschieht.

4. Ich
Wenn ich bei jemand Liebe spür',
dann öffne ich die Herzenstür
und biete gleichzeitig mit an,
dass man sie mir auch auftun kann.

Julia Engels

Frühling

Was ist das besondere Feeling
Sonne, Blumen und vieles mehr
Das Bunte begeistert sehr
Frühling
Was ist das besondere Feeling
Blühende Natur
Und fasziniert vom Schmetterling
Frühling
Was ist das besondere Feeling
Bei lauwarmen Temperaturen geht man gerne raus
Schöne Aspekte, unschöne Aspekte
Der Frühling vergeht in Saus und Braus.

Sommer

Viel Ferienspaß
Beim Toben im Freibad gibt man ordentlich Gas
Sommer
Plötzlich ein Gewitter
Das macht so manchen Ausflug bitter
Sommer
Manchmal glänzend
Manchmal matt
Niemand je genug vom Sommer hat.

Herbst

Ein warmer September
Deshalb glaubt man es kaum
Die Blätter fallen vom Baum
Herbst
Damit kommt die Wende
Die Tage gehen schneller zu Ende
Herbst
Freibadspaß ist vorbei
Gruselig wird es dafür
Halloween steht vor der Tür.

Winter

Was steckt dahinter
Kamin, Gemütlichkeit und vieles mehr
Das Romantische begeistert sehr
Winter
Was steckt dahinter
Einen Schneemann bauen
Das fasziniert die meisten Kinder
Winter
Was steckt dahinter
Bei Frost und Kälte geht man ungern raus
Schöne Erlebnisse, unschöne Erlebnisse
Der Winter vergeht in Saus und Braus.

Die Liebe

Man misst sie
Man berichtet über sie
Garantiert – man findet sie
Irgendwann, Irgendwie, Irgendwo
Ein endloses Thema
Ein änderbares Schema
Garantiert – man findet sie
Irgendwo, Irgendwann, Irgendwie.

Blödsinn!

Blödsinn
Kann man mal machen
Wichtig
Darüber zu lachen
Positives
Ergibt sich spontan
Aufgepasst
Meistens hat man davor keinen Plan
Das Glück
Dahin ist es eine steinige und weite Reise
Geduld
Nach vielen Hindernissen ist man definitiv weise.

Michael Ferlemann

Herbst-Musen • Intro

Habe sie kaum erkannt.
Dort inmitten dem Farbenmeer.
Farbenmeere, die mich berauschen.
Und Winde tragen mich davon.

Tage und Nächte

Ein Ende des Sommers,
der Beginn einer faszinierenden Welt, die in den Farben
versinkt.
Und wir werden von ihr erwartet, ersehnt und versehnen uns
nach dieser unendlichen Tiefe.
Halb gezogen, halb hingesunken, von den Musen verführt,
geführt in neue Träume.
Die Worte fehlen mir, wenn mein Herz sich Deiner erinnert.

An die Tage der Sonne, in denen ich Dein Lächeln fand. Und
Dich selbst.
Die Sonne stand hoch und wir waren an den Meeren, an ihren
Stränden, fühlten diese Sehnsucht nach der Weite,
der Unendlichkeit.

Und der Wind trug unsere Hoffnung wie ein leichtes Tuch
hoch hinaus,
weit über die Meere und war bei uns, als
wir unsere Reise wagten,
die Segel setzten und den Herzen folgten.

Tage mit Sonne auf dem Deck und Nächte mit Sternen-Meeren.
Bescheint, geführt und so vertraut.

Vertrauten uns der See an, ihrer wilden Seele, dem traurigen
Herzen und den weit aufgerissenen Augen der Sehnsucht.
Dann, wenn Land in Sicht ist.

Und wir Brücken bauen zwischen dem Bleiben und dem
Reisen, der erwartungsvollen Sehnsucht, die uns
zum Hafen trägt. Und wir warten ...
Auf der einen Seite die Sehnsucht und dort das Wiedersehen,
das Wiederfinden und wir entdecken, dass darin das
wahre Glück verborgen, beschützt und die Hoffnung
bewahrend liegt. In diesem Moment ...

Wenn wir uns in die Arme schließen,
Herzen sich dann spüren, Augen sich finden und Hände halten,
ohne es fassen zu können ... Unsere, unsere Begegnung.

Nach diesem Finden spüren wir in den letzten Augenblicken
diese Stille, die nach uns greift. Lassen diese zu,
die Blicke traurig und das Uns schon jetzt vermissend.
Halten uns, halten an und (her)aus (aus der Welten Treiben)
und vergessen für einen kurzen *Moment* diese, *dieser*
wird zur wahrhaftig gefühlten Ewigkeit. Lassen kommen und
gehen, tragen und rollen, rennen und verpassen.

Ja, verpassen nichts. Weil ... wir ja uns haben.

Tag und Nacht

In Euren Armen bin ich sicher.
Getragen in den Stunden allen Lichts.
Eure eigenen Lichter umfangen mich und schenken mir
Geborgenheit.

Entscheiden will ich mich nicht, weil Ihr beide
so einzig-artig seid. In meinen Erinnerungen verbunden.
Ich kann Euch nicht lassen, bin verfallen Eurem Charme,
welcher Wolken in Regen verwandelt, der das Land mit Leben
erfüllt. Grelle Lichter werden zu Schatten, die uns Schutz
vor neu-gierigen Blicken geben (wollen).
Sie lassen uns diesen Frieden, in dem wir uns entscheiden
können und dabei tief in unserer Seele eine Sehnsucht
nach den neuen Wegen sich ergründet. Diese, jene Sehnsucht,
welche mich zu Euch führte, in Eure Arme, in Euer Leben.

Beide

Beide.
Habe sie gefunden, entdeckt. Und dabei,
dass sie ein Geschenk für Dich sein sollen. Sie sind.
Und so bringe ich sie Dir dar,
beide, … weil ich mich nicht entscheiden konnte.
Ausgewählt, geschmückt und verziert. Und dennoch, …
wie sie sind. Ausbreitet in den Gründen der Seele,
eng mit ihnen verwoben.
Damit sie Dir ein Strahlen schenken
und es gleichzeitig entlocken.

MICHAEL FERLEMANN

Neue Horizonte

Wenn sich neue Horizonte erahnen lassen,
sie mit ihren zukünftigen Sonnenuntergängen auf uns warten,
voller Sehnsucht erwarten ... wie wir sie selbst.

Unsere Seele sich dorthin sehnt und wir ihren Träumen folgen.
Wobei „ihren" für viele steht und die Träume uns verführen ...
... führen in neue Tage, die uns einfach ganz
still werden lassen.

Und das, nachdem sie mich verloren. Haben es nicht bemerkt,
um der Macht willen, das Vertrauen vergeben.
Die beiden Königreiche, die ihren Willen blind zu folgen
scheinen, scheinen A/andere Gedanken vergessen zu haben,
haben mich für immer verloren – für immer ...
So fühlt meine Seele, wenn sie an diese Tage und Wege denkt.
Diese liegen hinter ihr.

Vor mir: Die neuen Horizonte, die auf mich warten ...

MICHAEL FERLEMANN

Für die Zwei

Bist mir begegnet, ganz still, Du … neue Seele,
die mein Herz aufgeregt pochen lässt, weil …
Weil ich es einfach nicht erwarten kann,
Dich in die Arme zu schließen, nach dem Tragen,
nach diesen Tagen des Glücks
folgen neue Tage mit Dir.

Von Dir beglückt, beschenkt,
verstummen meine Lieder
und ein Summen erfüllt die Sphären
und tragen uns fort … bald.

… zu diesen Bergen der Sehnsucht …

Eiskalt und voller Herzenswärme,
wenn sich unsere Blicke begegnen,
Sinne verrückt spielen und Traumwelten erwachen.
Dann, dann, wenn die Schauer von Außen nach Innen wandern
und die Sehnsucht von Innen nach Außen,
die Sehnsucht nach diesem zerschmelzenden Anblick,
herrlichen Ausblick, davon berührt, verführt.
Dargeboten, frostigen Winden gleich, die uns den Atem rauben,
Lichter, deren Wärme zerschmilzt und all das
unsere Herzen erwärmt.
Holen dann das Gold aus den Tiefen, überwinden Grade,
erreichen Tiefpunkte,
erklimmen diese Berge nach dem Entdecken und Wagen …

MICHAEL FERLEMANN

Zu Hause

Es ist ein Ankommen, wird zu einem Willkommen,
die Räume werden zu unendlichen Weiten,
Träume werden zu dem, nach dem wir uns versehnten,
zu einer erlebten Reise
in die Weiten. Und lernen dabei die Tiefen kennen,
die uns ankommen lassen.
Wir dürfen uns hier treiben lassen,
werden umfangen von herzlicher Gastlichkeit.

Erst verführerisch, dann verführt, entführt in Welten
fern von hier ...
Erleben Schichten des Lebens – erfüllt von Bilder erzeugenden
Gefühlen, für die es keine Worte gibt.
Sinne werden benebelt, sind blind in dem Sehen,
taub in dem Hören,
schmecken nichts vom Gang der Zeit,
fühlen, ohne es zu verstehen,
was in diesen tiefempfundenen Augen-Blicken uns verführt.
Lassen es einfach zu.

So wird das Zuhause zu einer Reise zu uns, in unsere Zeit,
welche verborgen ist, tief und weit in der Endlosigkeit.

Bei Euch bin ich zu Hause, geborgen und werde inspiriert ...
Es wird Zeit, Euch dafür zu danken. Mit diesen Worten
werde ich es versuchen ...

MICHAEL FERLEMANN

Meine Musen

Die Ihr mich betört, verführt und die Zeit vergessen lasst. Nur nicht Eure stillen Gedanken.

Du, die Du ein Lächeln fandest. Und wir ab und zu Zeit für Worte. Beschenkst mich mit Ideen, bewegenden Gedanken, ohne es zu ahnen.
Vielleicht. Hast alle Zeit der Welt, alle Räume und Träume.
Sie bleiben Dein. Wie auch Dein Anmut,
feengleich, und einen Blick, der so unbeschreiblich ist.
[L]

Du hast geantwortet und nimmst Dir Zeit für unsere Gespräche.
Und das hatte ich beinahe aufgegeben. Doch an jenem Tag kam eine Nachricht. Bezauberst, verzauberst uns/d so viel mehr ...
[S]

Deine Augen lachen mich an, kennen und vertrauen uns,
in Höhen und Tiefen.
Finden zueinander, vertrauen einander und denken still
an uns und unsere Freundschaft.
[A]

Verbunden durch die Zeit, Orte waren nie wichtig.
In den Zeiten des Schweigens keine Worte notwendig,
sich zu verstehen, kann man nicht erklären. Blicke,
die sich trauen. Wege, die verbinden.
Wie soll ich für all das Worte finden?
[G]

Hände, die sich mir anvertrauten, in schweren Stunden.
Als eine Liebe endete, begann eine Freundschaft,
die keiner Worte bedarf. Ich vertraue Dir.
[I]

Als der Schlaf von mir eilte, die Nächte traumlos wurden ...
Da warst Du da und hast für mich geschrieben. Über Dich,
über Vertrauen, die Verlorenheit.
Bist meine geheimnisvollste Muse.
Und die, die alles darf. Reden oder Schweigen. Anlehnen oder
fernbleiben. Bleiben verbunden, Geschwister.
[M]

Wie soll ich Worte finden? Ohne Euch? Für Euch.
Und das als Dank ...
Denke an Euch, sehe Eure Gesichter, und das eröffnet mir
neue Blicke für die Welt. Und wie?
Wie soll man Magie erklären? Worte finden für
Euch alle, ungezählte Musen. Nie vergessen ...
Vergesse die Müdigkeit, hole Stift und Papier
und lasse sie fließen ...
Gedanken, Texte, Erinnerungen der Verbundenheit, Hingabe,
erfüllt von Pathos. Und lächle dabei im Kerzenschein,
mit Büchern, Blättern, Texten und Worten ... sie umsäumen
den Tisch. So, wie die Magie mich umgibt.
Zeit, die ich Euch schenk(t)e?
Nein, ... mein Dichterherz gebe ich Euch für alle Zeit.

Formen beschreiben, die uns die Sinne rauben?
Würde es ihnen doch den Zauber rauben, nehmen.
Und uns diese Magie,
diese Zeit, diese Berührung mit einer Unbeschreiblichen ...

Herzschläge

Die Seele, dem Paradies zueilend, Schritte wie Herzschläge.
Rasende Bilder, so schillernd bunt.
Farbenmeere, die uns auf der Phantasie tragen.
Dich und mich.

Bei uns. Beieinander.
Verwoben. Eins.
In all dem.
Ein Geben, Hingeben und ein Sich-im-anderen-verlieren
für eine Weile. So fern der Welt.
In der bunten Galaxie unterwegs.
Dort, wo Worte fehlen dürfen, wenn die Berührung mehr
Ausdruck verleiht.
Dem, was wir uns sagen wollen.

In diesen Stunden, die wir füreinander haben.

Miteinander tanzen, das ist eine ganz besondere Begegnung ...

Die Tänzer

Die Musik erweitert den engen Raum, lässt ihn expandieren
in die Unendlichkeit ...
Sie vergessen die Welt um sich herum. Sind allein, getragen
von der Melodie und erhellt von der Harmonie der Herzen.

Ein Schweben inmitten der Schwere.
Für Sie: Schwerelosigkeit.
Lassen die Welt los
und halten einander
inmitten diesem Meer aus Farben,
die die Musik versprühte,
getragen von ihrer Strömung,
in ihr versunken.
Beieinander
in diesen Berührungen ...

Berührungen

Lassen wir aus Blicken Begegnungen werden,
die uns berühren.

Augen führen uns zu sanften Auen,
in denen wir weich landen
und uns fallen lassen.

Worte werden geformt
zu einem sanften Kuss,
der uns aus des Lebens Bahnen wirft.

Spüren die Sanftheit anderer, neuer Sphären,
 … für die Seele, die sich darin verliert.
Und das ohne Worte. Weil sie nie reichen würden …
in Tiefe, Weite, Anzahl und Beständigkeit.

Um die Vollendung der sanften Formen zu beschreiben,
die wir erkunden und erleben, die uns berühren
und nicht mehr loslassen.
Lassen die Welt, vergessen sie …
Weil die Welten in uns einander sich so faszinieren,
berühren und sich verbinden.

Verwoben von unsichtbaren Banden. Sind es und verharren
in dieser Berührung,
die uns so tief erfasst hat.

Verlieren uns in den Flächen, entdecken Formen, durchwandern
(T)Räume und tauchen in ein Farbenmeer der Emotionen.

Schwimmen gemeinsam durch seine Riffe, verlieren die Zeit,
die Grenzen für das bisher Verborgene.

Lüften das Geheimnis, und bewahren es gleichzeitig
tief in uns.
Werden frei, verlieren uns ineinander.

In dieser Berührung liegt die wahre Wonne,
die wir einsaugen, anziehen, umklammern, tief berühren und
die gleichermaßen tief berührt.

[Stille Pause, dann sehr schnell weiter]

Erleben ein Feuerwerk, werden von wilden Wassern erfasst,
scheinen zu schweben, und es nicht beschreiben zu können.
Flügel, die uns erwachsen, sie tragen uns hoch und weit.

Und lassen uns langsam zu den Auen gleiten, die uns
in dieses Gewitter führten.
Eines, welches weckt ... alle Sinne.

Mit denen wir uns erlebten.
Finden Blicke, die die erlebte Unendlichkeit in sich bewahren
wie ein Schirm, wie ein sanftes Ankommen.
Nach einer ungeahnten Reise ... liegen wir verbunden,
Hand in Hand verwoben
und immer noch gemeinsam träumend
von den Wolken.

Herbststürme

Durchdringen die bunten Blättermeere, die sich langsam über uns ausbreiten.
Wie der Geist einer neuen Zeit, in der die Sonnenstunden verrinnen und die Nächte erwachen.
Tage werden zu Nächten, Sonnenbänke zu Ofenbänken, doch dazu ist später noch Zeit.
Fühlen uns wie ein heimatloser Herbst-Sturm, der diese Welt durchquert ... und dabei sucht
die Weite, die Unendlichkeit und sich
selbst. Und dieser Sturm sind wir.

Halloween

Intro:
Sie haben Angst. Nur ich nicht.
Angst vor dem Unbekannten.
Schließe es in meine Arme und meine Augen
öffnen sich für eine neue Welt.

Fratzen und Schatten,
hell erleuchtete Illusionen, dunkle Träume,
lachende Kinder, zwischen Genuss und hohlen Masken.
Eine entrückte Zeit. Lichter werden zu Schatten, ferne
Erinnerungen werden zu nah erlebten Träumen.
Unverstanden und verurteilt. Sie uns. Schwarze Nebel umgeben
die scheinbaren Lichter und schenken uns ein fremdes Licht.
Fremd? Verwerflich?

Michael Ferlemann

Nahtlose Übergänge
in tiefer Dunkelheit, tauchen ein in die Nacht,
ganz zärtlich, die Herzen berührend und in einem tiefen Schlaf
versetzend.
Andere entsetzt über das fröhliche Treiben, das sie wie etwas
aus uns heraustreiben wollen.
Nur ein Wollen,
kein Weg, der ihre Herzen lebendig schlagen lässt.

Mondnächte
nach Sonnentagen, flackernde Schatten im Kerzenschein als
Erinnerungen an die Bilder von längst Vergangenem, bleibend,
lassen die Lichter die Musik des Herbstes in unsere
Tage tragen, finden in den Farbenmeeren die Ruhe
vor den Zeit-Stürmen, in alten Geschichten die Hoffnung
in der Dunkelheit.

Der Kürbis
zwinkert uns zu, wenn Du die wärmende Decke über uns
legst und ... wir tief in die Nacht eintauchen,
ineinander versinken,
die Nacht, die Schatten, die Erinnerungen
und wir.

MICHAEL FERLEMANN

Durchsehen ...

Wir sollten mal die Fenster zu diesen werden lassen,
für den Blick aus uns heraus und dem Aus.
Durchdringen die Strahlen die Schichten der Zeit,
lassen Einblicke zu, die wir für die Ausblicke benötigen.
Wischen den Staub vergangener Blicke weg, erinnern uns
an die Bilder.
Spinnweben alter Erklärungen hängen schon zu lange, haben
sich selbst verwoben und sind zu Geschichten geworden, die
nach Erklärungen suchen.

Klare Sicht, die zunächst verwirrt. Wir trauen unseren Augen
nicht, weil diese Blicke schon lange nicht mehr möglich waren.
Dafür nötig:
Öffnen die Fenster, lassen frische Gedanken in
die Zeiten fließen, sind ein Teil der Zeit geworden,
die wir in Bruchstücken verstehen können, durch
unterschiedliche Filter sehen und dabei so viel
Neues für uns entdecken.

All das ist möglich, weil wir den Blick frei machten,
den durch unsere Fenster, inmitten, auf, in und am
Rande der Welt.

*Der leere Platz, an dem Du immer warst. Die Tage erlebt
und gelebt.*
*Wirst immer in unseren Herzen bleiben. Von diesem Platz
trennt nicht einmal der Tod.*
Für M.

Liebe

[Du meine Liebe,
ob nun *liebe* oder *lieber*,
lieber beides.]

… Zeit haben wir nicht viel füreinander –
dafür der Gedanken viele, die uns verbinden, wie auch
unsere Wunden, die die Zeit hinterließ und
die Menschen.
Doch Menschen wie Du sind anders,
sie berühren, ohne zu zerstören, ohne zu stören.
Es scheint, dass sie immer ein Teil unseres Lebens waren.
Wir fühlen uns dann so verstanden, geborgen und lassen
sie fließen … Die Tränen?
Nein, die Ströme der Wonne, die unser Herz schnell
schlagen lassen
und uns in eine neue Ära tragen.
Getragen, das sind wir einander, haben wir füreinander.
Wir haben einander, und deshalb schreibe ich Dir diese Zeilen,
die die Gefühle nur vage beschreiben, vielleicht
skizzieren können. Aber vielleicht können sie uns berühren …
Das wäre schön.

Und so sende ich Dir ein Lächeln und eine stille Umarmung
und lasse Dir alle Zeit der Welt für eine Antwort.

[Du meine Liebe,
ob nun *liebe* oder *lieber*,
lieber beides.]

Epilog

Und allen Musen, die meine Nächte nahmen … und
Gedanken dafür schenkten …,
… denen sage ich still: „Danke" … und Euch:
mit einer stillen Verbeugung.

REGINA FRANZISKA FISCHER

AUF DER FLUCHT
oder GOTTVERTRAUEN

Das dunkle Gesicht der Mutter noch gut genährt,
Das Kind in ihrem Arm geborgen, das Gesichtchen
Gerundet, noch …
Nicht nur in Afrika wird die Menschheit zur Flucht
Gezwungen, sondern weltweit, wie es in den BETRACHTUNGEN
Dieser religiösen Zeitschrift dem Leser mitgeteilt wird.

Auch auf der Flucht, im eiskalten Februar 1946,
Meine 46-jährige Großmutter, geboren am 13. Februar 1900,
In Eisersdorf, heute Zelazno, Polen, damals Schlesien,
Mit dem „Rest der Familie":

Es fehlte mein Großvater, denunziert, weil er sich im
Nazi-Regime für die Schulkreuze eingesetzt hatte.
Als achtfacher Familienvater starb er an der Front,
Fast am Ende des Krieges.

Es fehlte die Schwester meiner Mutter, die mit
46 Messerstichen von den Russen nach ihrer
Vergewaltigung ermordet worden war,
Fast im Beisein meiner geliebten Mutter,
Die aber entkommen konnte.

Der Bruder meiner Mutter starb, durch einen
Kopfschuss verletzt, im Lazarett in der
Heimatstadt Glatz (heute Klodzko) der Familie.

Von den Spuren des Krieges bereits gezeichnet,
Die frischen Gräber verlassend, trat meine
Großmutter die F l u c h t mit ihren noch
Sechs Kindern in Richtung Westen an ...

Das Grauen des 2. Weltkrieges ist in allen
Geschichtsbüchern festgehalten.

Die Flucht hatte meine Großmutter nur
Überstanden, weil sie ihr Leben GOTT anvertraut
Hatte und ihre Gottesliebe keine Grenzen kannte,
Denn sonst hätte sie d i e s e s SCHICKSAL,

Ja, dieses SCHICKSAL, n i c h t ertragen können.

Nochmals schaue ich auf das dunkle Gesicht der Afrikanerin,
Noch gut genährt, in ihren kraftvollen Armen ihr Kindchen
Geborgen,

Das Gesichtchen gerundet, noch. Medizinisch versorgt.

Ja, FLUCHT ist nicht nur h e u t e ein Thema.
FLUCHT ist w i e d e r ein Thema.
Flucht wird i m m e r ein Thema sein,
Weil wir das Gebot der LIEBE und der DEMUT
Zu wenig leben ...

*In Liebe für meine Großmutter AGNES FISCHER und ihre/meine
Familie.*

Regina Franziska Fischer

FRÜHLINGSWEHEN

Schau
Mein Herz –
Wie heut das Licht sich
Tausendfach über dir diamanten
Bricht

Gehölze
Im Frühlingstanz sanft
Sich verbiegen, huldvoll verneigen
Vor unseren Augen

Knistert alles und fröhlich knackt,
Laue Lüftchen sich hauchen gierig
Wie Seide ins noch tief
Schlummernde Wintergeäst

In wenigen Stunden a l l e s
Im Werden, dreht sich im Taumel,
Das Rundherum überschäumend -
Frühlingslaunen!!!

Reißen unbekümmert
Den noch zögernden Reisenden
Kichernd mit …

Regina Franziska Fischer
21. März 2014

Gott ist die Liebe
(6. September 2009)

Ich glaube
An einen gütigen, allwissenden Gott,
Der jedes persönliche Schicksal
Zum Besten lenkt und
In weiser Voraussicht
Der Welten Einklang leitet,

Mit dem Ziel

Einer göttlichen Verschmelzung
In ewiger Glückseligkeit,
Sowohl mit dem kleinsten Staubkorn
Als auch mit dem gewaltigsten Planeten
In seinem Kosmos

Alles atmet Gott,
Wenn wir auf Erden sein Gebot:
Gott ist die Liebe
Gelebt haben.

In Liebe für meine Eltern Peter und Dorothea Pollok.
Regina Franziska Fischer

HAIKU KUNTERBUNT

Die Sonne
in den Fesseln der Wolken
winterermattet

                Spatzenkonzert im Busch
                bis ins Altenheim
                ohne ihr Hörgerät

Träume messerscharf
vorbei am Knusperbrötchen
in den Daumen

                Strohsterne am Baum
                vor den flackernden Kerzen –
                predigt vom Licht der Welt

Mit dem lieben Gott
schwanger – kraftvoll die Nonne
beim Bergesaufstieg

                Eisfenster – davor
                der alte Milchkrug
                mit dem Weihnachtskaktusrot

Anmerkung: das traditionelle
                 Silbenschema 5-7-5
                 abgewandelt, z.T. in „Freestyle"-Haiku

Regina Franziska Fischer

Ilse Fox

Morgen

Ich steh und schau,
wie schön ist der Morgen,
das Tal – so friedlich – in Erwartung,
leise schlägt mein Herz.

Ich steh und schau,
es ist Abend geworden.
Was für ein Tag!

Ich steh und schau,
mein Herz ist leise geworden,
die Erwartung schläft – du bist nicht hier.

Ich steh und schau,
alles schläft, leise träumt der Wind,
dunkel ist die Nacht.
Der Morgen erwacht und mit dem Morgen
eine neue Hoffnung.

November 2012

Ilse Fox

Weihnachtsgedicht

Alle eilen und hasten,
das Weihnachtsfest steht vor der Tür.
Jeder will die schönsten Gaben
zum Feste haben.
Doch was sind die schönsten Gaben?
Siehst du dort, das kleine Licht?
Ganz weit fort – in der Ferne?
Wer mag dort wohl zu Hause sein?
Dringt auch dorthin
der seel'ge Kerzenschein?
Ich weiß es nicht, jeder lebt für sich allein.
Ich möchte vielen Freude schenken,
alle sollen glücklich sein.
Ach, könnt ich doch so manches ändern,
aber leider – nein.
Viele, viele Weihnachtskerzen schicken Licht
in uns're Welt.
Gott, wir wollen hoffen,
dass dieses Licht recht lange in uns hält!

Dezember 2012

Liebe

Leise hör ich deine Worte,
zaghaft ist ihr Klang – ich weiß,
dein Herz ist viel zu bang.
Gerne würde ich's berühren, zaghaft wieder
fröhlich sein, doch ich glaube, du sagst – nein.
Gib dich doch in meine Hände,
lass die Seele glücklich sein,
alles nähm' ein gutes Ende
und wir wären nicht allein.
Jeden Tag in diesem Leben soll'n wir leben
und nicht ruh'n,
jeden Augenblick tausend Seelenschritte tun.
Was hat dir den Mut genommen,
dunkel ist dein Herz,
lass mich's pflegen und behüten,
mit und ohne Schmerz.
Spürst du gar nicht mehr die Sonne,
hörst du nicht die Vogelschar,
ihre Lieder froh und wunderbar?
So viel Liebe könnte leben,
so viel Liebe könnte sein,
lass dich leben,
denn das Leben kann morgen schon zu Ende sein.

Januar 2013

Ilse Fox

Du

„Wann lebst du?"
Deine Worte zu mir am Telefon.
Ich weiß es nicht.
Jeder Herzschlag sollte dir gehören,
mit jedem Herzschlag wollte ich dir entgegengeh'n,
mit dir leben – doch der Weg führt nicht ans Ziel.

„Und wann lebst du?
Heiße Tränen sind meine Antwort.
Du wirst es nicht erfahren, denn ich bin leise geworden.
Stille ist mein Leben, Freude ist nicht mehr mein Traum.
Ich musste erwachen, bevor der Traum zu Ende war.
Ich denke nur „Wie lebst du?"

Mai 2013

ILSE FOX

Mein ICH

Warum habe ich mein Ich verloren, warum?
Warum sind die Menschen nicht ehrlich im Leben,
warum ist ein „Ich" so oft nichts mehr wert?
Warum, warum?
Warum stellt das Leben so oft viele Fragen und
warum gibt das Leben keine Antwort darauf?
Ich versuche, mein Ich nicht zu verlier' n,
denn ohne mein Ich ist das Leben nichts wert.

Juli 2013

Frühling

Frühling lässt sein blaues Band – diesen Vers,
ich kenn ihn schon – Frühling, leise hat
er Platz genommen, pünktlich zur Saison.
Kleiner Spatz im Garten wieder,
Amsel, Meise und auch Star, alle, alle singen wieder,
Frühling ist nun endlich da. Jede Blume noch
recht verträumt, möchte wieder erste sein
und Schneeglöckchen läuten leis
den Frühling ein.
Dieser Morgen lässt erahnen, die Sonne bricht
sich ihre Bahn – Frühling, Frühling – neues Leben
alles fängt von Neuem an.

Mai 2013

ILSE FOX

Ein Sommertag

So lang hab ich auf dich gewartet,
auf einmal stehst du vor mir,
leise hör ich deine Worte,
für mich ist wichtig – du bist HIER.
Den allerschönsten Sommertraum,
ihn träum ich heut mit dir.
Die Sonne schickt ihr hellstes Licht,
der Himmel malt sein schönstes Blau,
und leise hör ich deine Worte,
wenn ich in deine Augen schau.
Du kannst so wunderbar erzählen,
auch wenn du manchmal traurig warst,
ich lausche deiner lieben Stimme
und sage „danke" für den schönen Tag.
Du fährst zurück, nicht weit von hier,
ich wünsch dir Glück und seh dir nach.

1. August 2013

Ilse Fox

Sommertag

Heiß ist die Luft, schwer atmet der Tag,
alles blüht, durstig ist die Wiese.

Liege im Gras und träume,
vorbei zieht das Jahr!
Ich wünschte mich dort oben, dort ganz oben,
am Himmel blau und klar.

Die Lerche, hoch oben, sie singt und singt,
wie leicht und froh kann sie hier sein.
Ihr Lied lässt mich träumen, träumen und
glücklich sein.

2013

DU

Als ich erwachte, war der Morgen dunkel.
Dein Herz war kalt geworden,
leise gingst du fort.
Wohin?

2013

Ein Engel

Ein Engel, vom Himmel,
ganz leise ist er zu dir gekommen
und hat still Platz genommen.
Er flüstert deinen Namen,
bringt tausend Grüße aus der Ferne,
von ganz weit her,
aus dem Reich der Sterne.
Er möchte dir die Hände reichen,
doch er kann dich nicht erreichen!
Lautlos schwingt er seine Flügel,
wendet zu dir sein liebes Gesicht,
eine Träne bleibt zurück.
Jetzt hat er wieder den Himmel erreicht,
man sieht es ganz deutlich,
tausend Sterne winken ihm zu,
er wird sie finden
in himmlischer Ruh.

ILSE FOX

Weihnacht

Die Heilige Nacht ist wieder nah,
endlich ist sie wieder da.
Selige Weihnacht auf der Erde,
Friede auf der ganzen Welt.
Tausend Lichter angezündet,
tausende im Kerzenschein
und – hoffentlich – niemand allein.
Leise in dunkler Nacht, auf Schnee und Eis
breitet sich der Zauber aus,
von Haus zu Haus
wird wieder wahr,
was vor langer Zeit geschah,
Jesus ist uns wieder nah.
Friedliche Weihnacht auf der Welt,
Wünsche, die zum Himmel steigen,
Menschen sich die Hände reichen,
Weihnacht ist heut überall.
Herzen, die vor Freude weinen,
und Herzen, die sich still vereinen.
Weihnachtszauber wunderbar,
heilige Nacht, du bist da.

Dezember 2013

Ilse Fox

Weihnachtsgrüße

Heiliger Abend, leise ist es geworden,
die Straßen leer und dunkel,
bunte Stuben laden ein,
keiner soll heute alleine sein.
Gedanken und Wünsche,
sie fliegen hoch zum Himmelszelt,
dort, wo nur die Liebe zählt.
Sterne funkeln weit und breit,
sind für all deine Wünsche bereit.
Für dich such ich den schönsten Stern,
und du sollst dich an ihm erfreu'n,
du sollst sehn,
alle deine Wünsche werden in Erfüllung gehn.
Genieße den Zauber dieser Zeit
und Weihnacht mit Frohsinn, Liebe und Freud
macht sich in deinem Herzen bereit.
WEIHNACHT,
was für ein Zauber in diesem Wort,
es klingt so weich und wunderbar,
es zaubert so viel in unsere Herzen
und jeder Schmerz wird heut' vergehn,
lass es einfach nur geschehn.
Frohe Weihnachten!

Dezember 2013

Neues Jahr

Neues Jahr, willkommen in unserer Mitte,
aber auch mit einer Bitte:
Zeig uns dein junges Gesicht,
wir wollen dich lieben,
immer mit dir gehn,
mit Freunden feiern, mit Feinden uns wieder verstehn,
die Liebe leben,
sie pflegen, weitergeben
und ohne Leid auseinandergehn.
Neues Jahr, viel haben wir uns vorgenommen,
aber schon jetzt ist dies und jenes anders gekommen,
und trotzdem ist es schön,
mit dir bis ans Ende – des Jahres – zusammen zu gehen.
Wie viel Freude, wie viel Kraft bist du bereit, uns zu geben?
Wir wollen kämpfen, wir wollen leben!
Wir sind auch bereit,
Schmerz zu ertragen, Armen zu helfen und Kluge zu fragen.

Neues Jahr – schön dich zu begrüßen, noch bist du jung,
spielst mit dem Feuer, hast Unsinn im Sinn.
Doch recht bald wirst du sehn,
auch du wirst älter,
dein junges Gesicht
zeigt Falten im Spiegel,
doch ärgere dich nicht!

2014

Ilse Fox

Im Park

Es ist noch kalt, der Park ist leer,
alles schläft.
Und jeder Baum, ob groß, ob klein,
sie stehen still.
Sie träumen einen Wintertraum, so ganz allein.
Ich steh und schau, plötzlich ganz nah bei mir
ein winzigkleines Blümelein,
erst eins, dann zwei.
Sie haben noch die Augen zu,
strecken leis zum Tageslicht
ihr liebes, kleines Angesicht.
Sehr zaghaft durch den schönen Park
ein Sonnenstrahl sich hierher wagt.
Ich traue meinen Augen kaum,
er wird ganz groß, er wärmt den Park,
er schleicht ganz leise durchs Gebüsch,
er funkelt hell und immer mehr,
kommt mit so viel Licht vom Himmel her.
Die kleinen Blumen, sie spüren das Licht,
sie recken ganz freudig ihr kleines Gesicht.
Ich glaube, es ist wirklich wahr,
der Frühling hält Einzug, der Frühling ist da.

Februar 2014

Wie ein Fluss

Wie ein Fluss ist unser Leben,
oft langsam, oft schnell,
und tosende Wellen bei Sturm oder Wind
treiben das Wasser zur Mündung hin.
Ich zeige mich mutig, liebe den Fluss.
Er ist unser Leben und das Leben ist schön,
man sollte versuchen, nicht am Ufer zu stehn.
Das Ufer ist stetig, der Fluss hat ein Ziel,
mit starken Armen schwimmst du davon,
und verlierst du die Kraft,
lass dich gleiten im Fluss.
Er trägt dich unendlich,
lass die Ängste nicht zu,
er wird dich tragen
und glücklich bist du.

April 2014

Erwachen

Ich wusste, das Leben ist schön,
ich versuchte immer geradeaus zu gehen.
Manche Straße war endlos,
mancher Weg ohne Ziel,
der Himmel so hoch,
das Meer unendlich weit,
und trotzdem hab ich mein Ziel meist erreicht.
Ich war zufrieden und dem Glück manchmal nah,
ich liebte das Leben,
bis … ich dich plötzlich traf.
Ganz einfach, so voller Leben,
gabst du mir die Hand,
es war alles so leicht,
jeder Weg so bekannt.
Ich fühlte auf einmal das wirkliche Glück
und glaubte und liebte und alles war schön.
Doch dieses Glück, es wurde zur Qual,
du nahmst, was du wolltest, ganz schnell gingst du fort.
Ich musste erwachen, ich sollte verstehn,
mein Leben ist nun anders,
denn allein muss ich gehn.
Ich hab viel überlegt, dich zu hassen versucht,
doch Liebe ist stärker, ich hab dir verziehn.
Jeder Tag soll gelebt sein und ich muss verstehn,
wer so schnell vergessen hat,
der kann dann auch gehn.

April 2014

NINA FÜRKÖTTER

(M)Ein Leben für andere

Ich gehe meinen Weg schon ein paar Jahre
und dachte lange, er wäre richtig.
Aber mittlerweile kam zutage,
mir waren falsche Dinge wichtig.

Immer allen gefallen wollen
und niemals meine Meinung sagen.
Immer nett sein – unentwegt –
und niemals Dinge hinterfragen.

Schmerzhaft war nur das Erwachen,
konnte ich doch schnell dann sehen:
Beeinflusst hatten mich zu viele,
um selber besser dazustehn.

„NEIN" zu sagen, musste ich lernen,
lange fiel mir dies zu schwer.
Doch langsam geht's nach meinem Kopf,
und wer mich nicht mag – bitte sehr.

Mein Baby

Ich wollte Dich mein ganzes Leben
und habe so oft an Dich gedacht.
In meinen Träumen warst Du schon da
und es war einfach wunderbar.
Nun solltest Du in unser Leben hinein
und mit Dir sollte es vollkommen sein.
Wir haben viel versucht.
Wir haben alles gegeben.
Doch Du wirst nicht leben.

Zwei Wege

In der Mitte des Weges kann ich mich entscheiden:
Bieg ich wo ab oder werd ich hier bleiben.
Was geschieht, wenn ich hier weitergeh?
Und wenn ich dort abbieg, tut es dann weh?
Oder wird's toll und unfassbar schön?
Kann ich von dort den Regenbogen sehn?
Ich stecke fest und weiß nicht wohin,
bin auf der Suche nach meinem Sinn!
Ich bin nicht in Eile, habe noch Zeit,
denn bis zum Ende, da ist es noch weit.
Muss gut überlegen, was ich jetzt tu,
werd mich entscheiden in aller Ruh.
Zu sehr verweilen sollt ich jedoch nicht,
vielleicht geh ich doch schon früher ins Licht.

Waldgeister

Auf meiner Wanderung durch die Wälder,
irrt ich herum, hab nichts entdeckt.
Ich war schon hier, ich war schon dort,
hab nur manches Wild verschreckt.

Ich sucht nach Elfen und nach Feen,
die im Wald ihre Runden drehen,
nach den Gnomen und den Trollen,
die nicht gesehen werden wollen,
nach den Dryaden in den Eichenbäumen,
die von Sommerregen träumen,
nach dem Faun im Unterholz,
der den Kopf trägt hoch mit Stolz.

Ich seh sie nicht, kann sie nicht finden,
muss wohl andere Wege gehen.
Oder meinem Gefühl stets folgen
und nur mit dem Herzen sehen.

Mein Weg zur Arbeit

Mit dem Auto fahr ich ins Büro,
es ist sehr früh und ich bin müde.
Jetzt kommt da einer angerast,
er kommt mir nah, verhält sich rüde.

Er fährt dicht auf, er drängelt mich,
gar von Nötigung will ich sprechen.
Dann endlich überholt er mich,
hab das Gefühl, ich will mich rächen.

Ich tu es nicht, verhalt mich ruhig,
er fährt vorbei, schert vor mir ein.
Zu guter Letzt werd ich geschnitten!
Ich denk: Dem hau ich eine rein.

Er rast voraus, ist ganz weit vorn,
doch an der Ampel muss er warten.
Ich fahr ruhig weiter, hole auf,
ich hab wohl keine Zeit verbraten.

Ich seh sein Auto und wunder mich,
was fällt nur diesem Menschen ein?
Am Heck muss ich den Fisch erblicken,
soll das christliche Nächstenliebe sein?

Die Ampel wird grün, wir fahren weiter,
ich muss dann dennoch überlegen:
Wenn ich schon das Zeichen trag,
sollt ich es dann nicht auch leben?

Im Wald

Ich war als Kind schon oft im Wald
und war auch immer lieb.
Hab Hase, Reh und Hirsch gesehn,
was mir in Erinnerung blieb.
Wir gingen kreuz und quer, waren überall
und kannten jeden Baum,
im tiefen Dickicht, weitab vom Weg,
andere Menschen sahen wir kaum.
Haben Pilze gesammelt, viele Sorten,
für eine Suppe zum Mittagstisch.
Und ich sag es jetzt und hier mal laut:
Ich glaube, Schlümpfe gibt es nicht!

Jürgen Fürkus

In jener Nacht

In jener Nacht, als tief die Wolken zogen,
der Himmel aufgewühlt, eiskalt der Wind,
als sie auf glattem Wege heimwärts gingen,
da glaubte er, sie wär fast noch ein Kind.
Und doch schien ihm, sie war ein wahrer Engel,
ihm zugesandt in der Silvesternacht.
Hoch über ihnen funkelten die Sterne,
Amor hatte den Köcher aufgemacht.

In der für beide schicksalshaften Stunde,
da hat er sie zum ersten Mal geküsst
und ihre Nähe zauberhaft empfunden.
Dass es so bliebe, hätt er gern gewusst.
Zurückgeschaut gleicht es dem Lebensglücke,
wie man es findet, wenn das Schicksal will.
Behutsam hielt er sie in seinen Armen,
dann war um Wind und Wolken alles still.

Seither sind viele Jahre längst vergangen,
Träume erblühten, Wünsche wurden wahr.
Wenn jene Nacht nicht immer ihre wäre,
wer weiß, es wäre nicht, was bislang war ...
Vielleicht hätten sie dennoch liebe Kinder,
auch viel erlebt in Zeiten dieser Welt,
doch wenn er sich an jene Nacht erinnert,
dann sieht er ungeteilt, was wirklich zählt.

JÜRGEN FÜRKUS

Zeit

Was sagt uns die Zeit, dieses ständige Dauern
oder so ein unendlich verkürzender Blick?
In jedem Moment Ereignisse lauern,
Zeit folgt ihrer Richtung, kein Weg führt zurück.

Als eindeutig galt einst die Zeit definiert,
absolut wie der Raum und vom Raume getrennt,
doch später fand man: Sie ist relativiert,
mit diesem verwoben, wie Einstein es nennt.

So änderte sich unser Weltbild total,
ein eigenes Zeitmaß plötzlich für jeden.
Die Raum-Zeit dynamisch, vierdimensional,
gekrümmt, verzerrt und nicht einfach nur eben.

Wo Zeit ist, ist Raum, und wo Raum ist, ist Zeit,
ob Anfang, ob Ende – sie kommt einfach daher.
Die Erinnerung lebt von Vergangenheit,
reell, relativ oder imaginär.

Von endlicher Größe, jedoch ohne Grenzen,
als könne die Zeit nicht nur vorwärts fließen.
An die Zukunft erinnern, das Sein ergänzen,
wenn Zeitreisen sich verwirklichen ließen.

Das Gestern und Heute, das Morgen – Geschichte,
alles hat seine Zeit und gewiss einen Sinn,
doch manche Erkenntnis macht Hoffnung zunichte,
denn Zeit führt, der Natur nach, zur Unordnung hin.

Pfingsten in Berlin

In Kreuzberg feiert Karneval Kulturen,
treibt nobler Zeitgeist Alltagssorgen weg,
preist bunte Vielfalt zauberhaft Figuren,
dass jeder spürt, das Sein dient einem Zweck.

Ringsum schmückt die Natur hübsch ihre Gärten,
Festzüge jubeln, machen Pfingsten schön,
Blüten kränzen das Happening der Herzen,
lenken den Blick aufs tönende Gescheh'n.

Nur wenig kann uns hoffnungsvoller stimmen.
Es ist der Pfingstlegende Charme und Zier,
die Menschen eint, dass Wunder auch gelingen.
Wenn scheinbar nichts mehr geht, das glaube mir,
kann Pfingsten Leben neue Hoffnung bringen.
Wo Hoffnung wächst, wächst neue Kraft in dir!

JÜRGEN FÜRKUS

Privilegiert

Vom Preußenkönig Friedrich W. geschaffen,
sind Staatsbeamte heute sehr umstritten.
Vorteile werden auf sie zugeschnitten,
obwohl doch Angestellte gleiches machen.

Wieso hier die so üppigen Pensionen,
dort aber schmale Arbeitnehmer-Renten?
Und dann ist noch bei allem zu bedenken:
Sie zahlen nicht mal ein in die Millionen.

Das Geld kommt, weil die Steuerzahler zahlen,
bedacht aber werden Privilegierte.
Gleicht das nicht irgendwie dem einst Feudalen?
Es wäre Zeit, den Kurs anders zu fahren,
sonst bleibt der Bürger weiter der Pikierte
und könnte dies verwerflich offenbaren.

Das Übel liegt der Ordnungsform zugrunde.
Wenn Beiträge, wie wir beileibe wissen,
nicht alle bald in einen Topf einfließen,
bleibt das des Ruhegeldes größte Wunde.

Gerechten Lohn und mehr gerechte Renten
gilt es für Jung und Alt durchzugestalten.
Wer glaubt, es könnt' auf Dauer Unrecht walten,
verkennt den Druck von hehren Argumenten.

Der Kalte Krieg

Glaub nicht, er sei Legende und von gestern,
ein Hirngespinst aus längst vergang'nen Zeiten,
als ließe sich die Welt einträchtig leiten,
selbst wenn wir Brüder wären oder Schwestern.

Schau hin, er lebt in all seinen Facetten,
Eiszeit und Lügen, Krisen eskalieren,
von Machtgier und Konflikten angetrieben,
als müsse er den Geist der Zwietracht wecken.

Dabei kann alles doch im Guten werden,
niemand braucht dieses Spielen mit dem Feuer,
auch nicht Sanktionen oder Drohgebärden.

Warum durch solches Tun die Welt gefährden?
Am Ende wird's für alle Seiten teuer,
Schluss mit dem haltlos Kalten Krieg auf Erden!

HILDRUN HAUTHAL-STEGNER

Körner und Mist

Das meiste im Leben ist Mist.
Bist du jung, sind da noch Körner,
die aufzupicken es sich lohnt,
keine Perlen, doch sie schmecken
nach Mehr in der Erwartung vom Leben.

Weniger werden die Körner
und sind auch so schmackhaft nicht mehr,
je älter du wirst. Und der Mist
vermehrt sich über denselben,
die du brauchst für das tägliche Leben.

Und wenn du alt dann bist, musst du
im Misthaufen schon tief graben,
um noch ein brauchbares Korn zu
finden im restlichen Abfall,
der dir bleibt vom vergangenen Leben.

Träume und Wirklichkeit

Ich bin ein Fremder
auf dieser Erde,
in der ich niemals
heimisch werde.

War es ein Zufall,
der mich verloren,
im Universum
als Mensch geboren?

Wär' ich ein Vogel,
wär's das nicht eher,
frei in der Sphäre,
dem Himmel näher?

Mensch sein ist Schicksal,
ich muss es tragen
und muss andere
Träume verjagen.

Blühende Landschaften

Blühende Landschaften
wurden versprochen.
Nun ist der Verfall
herangekrochen.

War alles nur Tünche,
was uns umgeben?
Sie schwindet dahin
im wahren Leben.

Der Alltag wird grauer,
ärmer und trübe,
vor allem fehlt es
an Menschenliebe.

Wohlfeile Reden
sind meist nur Phrasen,
welche die Wahrheit
hinter sich lassen.

Du kannst nichts ändern an
diesem Gefüge,
da du nicht fähig
zu Raffgier und Lüge.

Der Glaube ans Blühen
ist fortgeflogen.
Wir wurden wieder
einmal betrogen.

Alter und Schmerz

Alt werden und Schmerzen haben
sind die besonderen Gaben,
die uns das Leben gratis schenkt.
           Nicht jeder erlebt es,
           und keiner erstrebt es,
es wird vom Schicksal so gelenkt.
Daran lässt sich auch nichts wenden,
nur der Tod kann das beenden.

Bilanz

Als ich geboren wurde einst,
war die Welt nicht mehr ganz in Ordnung.
Dann schien sie in Ordnung zu sein,
bis das Chaos des Krieg's sie zerbrach.

Sie war nicht in Ordnung gewesen,
diese Welt von Verbrechern und Opfern,
auch von Verführten und jenen,
die Unrecht kannten und schwiegen.

Als ich jung war, fand ich mich wieder
in einer Welt, die begonnen,
gänzlich konträr in den Fronten,
eine neue Ordnung zu schaffen.

Sie wurde zu einer geteilten,
getrennt in die von Besitzern
und denen ohne Besitztum,
durch Diktatur nun Beherrschten.

Ich lebte in der besitzlosen Welt.
Davonlaufen konnten nicht alle.
Wir arrangierten uns mit ihr
und folgten ihren Geboten,

nicht widerspruchslos nur immer,
nicht ohne manch Aufbegehren.
Sie gab uns bewaffneten Frieden,
doch nicht alle fühlten sich sicher.

Als die Sicherheit man eingegrenzt,
führte dies, aus Verkrustung erwachsend,
letztlich zum Verfall der Ordnung hin.
Sie war für das Volk nicht mehr tauglich.

So ich im Alter nun schon war,
musst' ich sie wieder erleben:
eine neue Ordnung der Welt –
mit all dem schon mal Gehabten.

Woran sich auch nichts ändern wird,
weil es in der Geschichte der Welt
nur Sieger gibt und Verlierer,
die ganz oben und die da unten.

ELISABETH HEINZ

Geschichten aus meinem Orgelleben

Anno 1826 hat in Unteröwisheim der Kirchen-Ältestenrat
bezüglich der Anschaffung einer Orgel erfolgreich getagt.
Alsbald bei einem berühmten Orgelbauer in Auftrag gegeben,
könnte allein mein Ruf schon das Image der Kirche heben.
Von Künstlerhand gefertigt, kam ich eines Tages nach Unteröwisheim,
hier, in der Kreuzkirche eingebaut, sollte fortan meine Heimat sein.
Die Gemeindeglieder legten sich seinerzeit schwer ins Zeug,
um mich zu finanzieren, doch dieser Aufwand wurde nie bereut.

Man sagt ja, eine Orgel wie ich, sei aller Instrumente Königin,
und als Overmann-Orgel sehr stolz ich auf diesen hohen Titel bin.
Mit 22 klingenden Registern und entsprechend silberglänzenden Pfeifen,
da konnte man schon kräftig die Pedale treten und in die Tasten greifen,
so, wie es damals am Tage meiner Einweihung geschah,
und das war bereits vor etwa hundertdreiundachtzig Jahr'.
An jenem Tag fühlte sich der Organist gewiss ähnlich wie Hans im Glück,
denn die Akustik der Kirche gab die Akkorde als klingendes Echo zurück.
Auch die Gemeinde strahlte, man sah es ihren Gesichtern an,
dass ihnen das erste Orgelkonzert in eigener Kirche sehr wohlgetan.
Noch viele Jahrzehnte traten Männer am Blasebalg in Aktion,
die mir Luft zupumpen mussten, ansonsten kam ja kein Ton.
Später dann wurde auch ich mit einer elektrischen Pumpe modernisiert,
und damit war die notwendige Luftzufuhr jederzeit garantiert.
So vergingen die Jahre, im Kraichgau war ich längst sehr bekannt,
deshalb kamen sie nach Unteröwisheim auch vom umliegenden Land.
Konnte man doch hier neben der Sonntagspredigt im Gotteshaus
manchem Choral und Präludium lauschen; welch ein Ohrenschmaus!

Die kirchlichen Feste, sie waren immer besonders feierlich
und stets eine musikalische Herausforderung für mich.
Wenn es alljährlich im weihnachtlich geschmückten Kirchenraum erklang:
„Stille Nacht, Heilige Nacht!" mit Orgelspiel und mit Gesang.
Auch bei anderen Festen ist meine Kraft bis heute ungebrochen,
etwa, wenn sich zwei Herzen am Altar Liebe und Treue versprochen,
oder wird ein Kindlein getauft als Gottesgabe neben hellem Kerzenlicht
und aus meinen Pfeifen tönt ein Lied wie „Meinen Jesum lass ich nicht …".
Auch zum alljährlich wiederkehrenden Fest der Konfirmation
klingen laut die Akkorde, in Allegro oder sanfterem Ton.
Aber auch Leid und Tränen sah ich an manchen Tagen,
wenn ein geliebter Mensch ward zu Grabe getragen.
Trauer und Wehmut sprachen aus manch einem Gesicht,
da erklang für sie der Trost „Jesus meine Zuversicht"!

Die Gedanken wandern nun zurück in schlimme Zeiten,
als Kriege und Not sich begannen auch hier auszubreiten.
Ich sah, wie Väter und Söhne im Gotteshaus Abschied nahmen,
bevor sie als Soldaten in Feindesland zum Einsatz kamen.
Ich spürte die Angst der Menschen und das Trennungswehe,
den Wunsch nach Frieden, und dass man sich gesund wiedersehe.
Trost und Hoffnung schenken, das wollt' ich ihnen allen gern,
mit Liedern von Paul Gerhardt und Psalmgesängen des HERRN.
So war mein langes Orgelleben unendlich reich an Höhen und Tiefen.
Auch die Glocken im Turm unermüdlich treu zum Gottesdienst riefen.
Orgel und Glocken, als Team wohnen wir lange schon im Gotteshaus
und wollen weiterhin wirken zur Ehre unseres HERRN, jahrein, jahraus.

Musikinstrumente, die sind im Alten Testament schon gewesen,
Posaunen, auch Zimbeln und Harfen, so kann man es lesen.
Posaunen dienten damals meist den Herolden als Signal,
einmal fielen durch sie die Mauern von Jericho mit einem Mal.

ELISABETH HEINZ

Die Harfe diente vor allem zu Gottes Ehre. Mit ihrem lieblichen Klang
begleitete sie damals im Tempel an Festtagen den Psalmengesang.
Wie David mit seinem Harfenspiel einst König Sauls Seele erfreute,
so bereichern uns die Orgelklänge in den Gottesdiensten heute.
Doch was wäre, blieben die Glocken einer Kirche alle in Takt,
aber die alte Orgel bekäme plötzlich einen Herzinfarkt?
Denn Instrumente erfüllen, das ist eine bekannte Norm,
ihren musikalischen Auftrag am besten in makelloser Form.

Doch lassen wir die Orgel selbst weiter erzählen:

Obwohl ich regelmäßig gewartet wurde, erweitert, geölt und gepflegt,
hat sich die Last meines biblischen Alters sichtbar auf mich gelegt.
Mit großem Bedauern haben kürzlich Fachleute feststellen müssen:
der Zahn der Zeit hat weiter genagt, sogar Nässe ist an meinen Füßen.
Deshalb sei eine Generalüberholung notwendig, und zwar dringend.
Mit einem beachtlichen Kostenaufwand würde es jedoch gelingen,
mich kostbare Overmann-Orgel von Altersschäden völlig zu befreien.

Dann werde ich wieder klingen, vielleicht gar so lieblich wie Schalmeien.
So schwebe ich nun in Hoffnung und höheren Regionen,
ich weiß genau, dass dieser Aufwand vielfach sich wird lohnen.
Schon höre ich im Geist die klaren Töne meiner neuen Pfeifen,
wie sie der jubelnden Zuhörerschar nach Herz und Seele greifen.
Auch singt die Gemeinde nicht nur in renovierten Kirchenräumen,
nein, im Sommer auch gern im Freien unter grünenden Bäumen.
Wenn meine Generalüberholung gut gelungen,
wird „Nun danket alle Gott" gewiss nicht nur einmal gesungen.

Bekanntlich ist schon die Vorfreude eine große Freude,
drum wollen wir entschlossen ans Werk gehen schon heute,
uns alle einbringen, ein Jeder vor Ort mit seinen Gaben,
um dann noch lange an unserer vertrauten Orgel Freude zu haben.

Auch jene können, die ach so gerne Tasten und Pedale bewegen,
in voller Tonqualität ihre Begabung und Neigung weiterhin pflegen.
Doch das herrlichste Amt unserer Overmann-Orgel ist und bleibt,
Gott, unseren Schöpfer und Jesus Christus zu preisen in Ewigkeit.
Das erhebt Herz und Seele zu dem lebendigen Gott himmlischer Heere,
IHM sei innig Dank dafür, Lob, Preis und Ehre.

Elisabeth Heinz

Ein Kind hält Einzug in diese Welt

Sei willkommen, zartes Wesen,
du wunderschönes, kleines Kind.
In deiner Eltern Augen ist zu lesen,
wie glücklich sie über dich sind.

Gottes starke und treue Hand
legte dich, winzig, nackt und bloß,
als deiner Eltern Liebespfand
behutsam in deiner Mutter Schoß.

Dort drinnen im Nest, wo Nahrung genug,
recktest und strecktest du deine zarten Glieder,
hörtest den Herzschlag derer, die dich trug,
bei Tag und bei Nacht und immer wieder.

Doch dann, nach vielen schmerzhaften Stunden
blicktest du erstaunt in eine ganz neue Welt.
Hast dich erst gar nicht darin zurechtgefunden
und laut schreiend dich ihr entgegengestellt.

Doch wenn deine Mutter dich nahm an ihr Herz,
und du es klopfen hörtest wie vordem,
empfandest du nicht mehr den Trennungsschmerz,
fühltest dich geborgen und rundum angenehm.

Inzwischen hältst du die Eltern beide
bei Tag und Nacht ganz schön auf Trab.
„Wollt ihr denn, dass ich Hunger leide
und dass mein Gewicht nimmt ab?

Auch sind meine Windeln schon wieder nass!
Warum vergaßet ihr, mich in den Schlaf zu wiegen?
Ich schreie doch nicht nur zum Spaß!
Außerdem möchte ich gern mit im Ehebett liegen.
Habt ihr vergessen? Wir sind doch jetzt zu Dritt,
ein echter kleiner Familienbetrieb,
hier bestimme ich jetzt maßgeblich mit."

Ach, wie hab ich das Leben und meine Eltern so lieb!
Auch deine Eltern dich innig lieben,
sie hüten dich als einen kostbaren Schatz,
von dankbarer Freude gegenüber Gott getrieben,
der dich ihnen vertrauensvoll gegeben hat.

So bleibe nun unter Gottes Schutz, geliebtes Enkelkind,
denn es steht geschrieben, dass die Engel der Kleinen
stets vor Gottes Angesicht zu treten berechtigt sind,
um auch dich in SEINEM Auftrag sicher zu geleiten.

Elisabeth Heinz

Neue Erkenntnisse über Aggressionen.

Gedanken über das Vortrags-Thema „Aggressionsstauentladung"

Sensation – Aggression – Sensation!
Liebe Leute, wisst ihr's schon,
Aggression kommt jetzt in Mode
mit völlig neu erforschter Methode.
Lehrmeister waren z. B. die Affen,
Gänse, Fische und auch die Ratten.

Wissenschaftler von hohem Rang
haben nämlich im Tierreich entdeckt,
dass Aggressionen dienen, wer weiß, wie lang,
ausschließlich zu deren Lebenszweck.
Man hat geforscht in Meer und Land,
bis man die richtige Lösung fand.
Schließlich kam man zu dem Resultat,
dass auch beim Menschen die Aggression
selbstverständlich ihre Berechtigung hat.
Doch ich nehme an, das wussten Sie schon.

Was über Verhaltensforschung alles geschrieben,
da ist bei mir nicht sehr viel hängengeblieben.
Aber eines weiß ich jetzt ganz genau,
jeder darf platzen, ob Mann, ob Frau.
Aggressiv sein bis zum Schwergewicht,
scheint mir die erste Bürgerpflicht;
denn nach überstandener Beherrschungsqual
folgt ein Aggressionsstau allemal.
Dieser ist sehr gesundheitsschädlich,
wenn nicht sogar lebensgefährlich.

Und sterben wollen wir doch nicht.
Fazit: Stauentladung ist erste Bürgerpflicht!

Doch wenn ich so alles überdenke,
meditierend mich hineinversenke,
will es mir beinahe scheinen,
diese Theorie steht auf wackligen Beinen.
Es sei denn, es würde wie folgt geschehen:
Der andere lässt alles wortlos über sich ergehen,
auch wenn die Entladung gestauter Aggression
sich vollzieht in noch so lautem, verletzendem Ton.

Der gute Wille trägt mitunter herrliche Blüten,
die manchen Menschen setzen in ein rosa Licht.
„Ach, was hat doch Gustav für ein gutes Gemüte!"
Es ist ja auch noch kein Aggressionsstau in Sicht!

Doch unerwartet kommt der Stau auf leisen Sohlen,
die geliebte Frau hat ihn vielleicht heraufbeschworen.
Und schon steigt langsam der Pegel im Blut,
die Gedanken schwirren, schon gerät er in Wut.
„Wenn hier jemand schreit, bin ich es im Haus,
wieso nimmst du dir meine Rechte heraus!"
Ein Weib sollte nämlich stets sanftmütig sein
und bis zur Selbstverleugnung durch Lächeln erfreu'n.

Wie bitte einen Aggressionsstau zur Entladung bringen?
Wo kämen wir dahin, wenn die Frauen damit auch anfingen?
Denk nur, wie wir Männer so belastet leben
mit Arbeits-, Urlaubs- und Hobbynöten
und auf den Straßen in tausend Gefahren schweben.
„Mit deiner Stauentladung wirst du mich noch töten!"

Doch das Weib empfindet ähnlich wie er
und findet das Leben entsetzlich schwer.

Entlädt sich bei ihm der Stau,
beginnt der Stau bei Kind und Frau.
Entladen sich dann Frau und Sohn,
staut wieder beim Vater die Aggression.

Dieses Drama spielt in manchem Haus.
„Gleiches Recht für alle!", doch ohne Applaus.

So laufen Stau und Entladung ständig im Kreis.
Die Nerven und auch die Liebe zerreißen.
Auch die Umwelt ist oft davon mitbetroffen.
Leben wir in Aggressionen und nicht mehr im Hoffen?
So endet manch Drama, das als die große Liebe begann,
leider in den Räumen des Scheidungsrichters dann.

Solch ein Leben, immer wieder von Aggressionen beschwert,
ist das langfristig eigentlich wirklich noch lebenswert?

Natürlich kann man sich an Blechkisten entladen,
um andere zu schützen vor seelischem Schaden.
Doch davon wird allenfalls das eigene Gehör geschädigt,
aber die Aggressionsstauplage ist damit nicht erledigt.

Am Schluss möchte ich auf keinen Fall versäumen,
Platz für ein Anti-Aggressionsstauentladungsmittel
                                                      einzuräumen.
Der Vortragende erwähnte es ja schon,
denn er selber leidet auch unter Aggression.
Früher sprach man schlichtweg von Zorn,
Aggressionsentladung ist die moderne Form.

Es gibt da einen, der wartet schon
auf dich und deine Aggression.
Er sagt, ER mache alles neu!
Warum sind wir eigentlich noch so scheu?
Haben wir unsere Aggressionen denn so gern
und halten sie deshalb von Jesus Christus fern?

Warum quälst du dich selber mit ihnen herum?
In anderen Dingen bist du nicht so dumm.
Leg doch den Stau bewusst unter's Kreuz
und danke und sage, dass du dich freust,
dass nun der Stau deiner Aggression
sich entlädt in einem freundlichen Ton.

„Mein liebes Weib, wo drückt der Schuh?
Lass es uns doch besprechen in aller Ruh.
Lass uns einander vergeben und neu beginnen,
indem wir uns auf unsere große Liebe besinnen."

„Mein Freund, ich habe Verständnis und Zeit für dich,
hab Vertrauen zu mir, komm und sprich!"

Wo Jesu Liebe uns durchdringt,
und ein neues Lied in uns erklingt,
da tritt ER persönlich – Lob und Preis –
in den Aggressionsstau- und Entladungskreis.

HORST JESSE

1) Begegnung

Sie beäugen sich.
Er mit seinem schläfrigen Blick.
Sie mit ihren funkelnden Diamantenaugen.
Senden sich Botschaften.

Ein ungleiches Paar.
Sie hager und groß.
Er gesetzt und rund.
Nehmen Kontakt auf.

Der Geist verbindet.
Ihre Gedanken ergänzen sich.
Niemals allein.
Zusammen eine Einheit.

2) Globale Welt

Einst trennten Meere und Berge.
Wagemutige überwanden die Hindernisse,
Stellten Verbindungen her.
Menschen erkannten einander.

Die Endecker kamen mit ihren Absichten
Nach Gold, Silber und Land.
Brachten ihre Kultur,
Richteten das Land neu aus.

Vernetzung schafft Welteinheit.
Warenaustausch bereichert einander.
Kulturen ergänzen sich.
Jeder lernt vom anderen.

Trotz Informationen,
Trotz Menschenrechten
Beäugen sich weiter die Menschen.
Langsam verstehen sie einander.

3) Offen

Alles ist offen:
Die Zukunft.
Die Gesichter der Frauen.
Alles ergründen.

Aufbruch ins Neue.
Erwartungsvolles Ahnen.
Vergangenheit geht mit.
Ein Bruch ist notwendig.

Geist kennt kein Nichts.
Er ist schöpferisch.
Dies macht Hoffnung.
Ein neuer Tag kann anbrechen.

Liebe ist mehr als eine Mahlzeit,
Ergreift zwei Menschen,
Schafft Veränderung,
Beginnt neues Leben.

4) Winter

Winternebel in den dunklen Ästen,
Grauer Himmel, weißes Land.
Darunter schlummert Leben.
Tiere hungern, Mensch frieren.

Winterzeit einst lebensfeindliche Zeit.
Kinder erfreuen sich des Schnees.
Erwachsene entdecken ein Freizeitvergnügen.
Sportler erproben ihre Kräfte.

Menschen gestalten eisige Zeit,
Wechselspiel von warm und kalt,
Mittelpunkt die Weihnachtszeit.
Licht bricht in die Dunkelheit.

5) Festzeit

Festzeit eine Freudenzeit,
Treffpunkt fröhlicher Menschen.
Es duftet nach Würstel und gebrannten Mandeln.
Kinder fahren begeistert Karusell.

Zusammenkunft schafft Geborgenheit.
Klingende Musik erheitert.
Darstellungen erfreuen.
Erinnerungen werden wach.

Festzeit eine Gegenwelt,
Jeder weiß von ihrer Einmaligkeit.
Sie überhöht das Leben.
Es ist gut, dass es sie gibt.

6) Stadtbesuch

Nach Jahren wieder in der Heimatstadt.
Wie empfängt sie mich?
Nicht als Vertraute,
Bekannte sind verstorben.

Sie liegt wie eh und je in der Talsenke.
Ihre Kirchtürme spitzen in den Himmel.
Ihre Häuserschluchten engen das Licht ein,
Ihre Altstadt ein Museum.

Ihre Häuser sprechen nicht.
Geschäfte bestimmen ihre Fassade.
Geschäftiges Treiben,
Kein Kontakt mit einander.

Die Geschäftsleute warten,
„Nichts los in der Stadt".
Depressionen kommen auf,
„Ich begehe ein Verbrechen".

Neues verdrängt die Erinnerung.
Trotz allem, die Stadt lebt.
Junge Menschen, neues Leben,
Gestalten Zukunft.

7) Ich – Du

Was kannst du?
Was bringst du?
Was willst du?
Fragen an einen Neuankömmling.

Ich offenbare mich,
Durch mein Können,
Durch meine Gedanken,
Durch mein Wollen.

Worte sind Brücken.
Tun bestätigt sie,
Schafft Gemeinschaft.
Ich und Du verbinden sich.

HEINRICH LAUINGER

100 Jahre Sportabzeichen

Wie war das in jener glorreichen Kaiserzeit,
die vor etwa 100 Jahren ihren Zenit erreicht?
Man feierte 25 Jahre Regierung von Wilhelm II.
und hoffte für die Zukunft auf bessere Zeiten.

Man fühlte die Fundamente Europas wanken
und wollte weisen Feinde in ihre Schranken.
Dazu waren nicht nur gute und moderne Waffen nötig,
sondern Männer, die im Kriege kämpften sehr tüchtig.

So schuf man die fünf Wettbewerbe vom Sportabzeichen,
um durch diese körperlichen Übungen Fitness zu erreichen.
Natürlich trat diese Absicht nicht offenbar zutage,
denn die Menschen wollten Frieden, nie Kriegsplage.

Carl Diem besuchte 1912 die Stockholmer Olympiade,
die er für die 1916 geplanten Berlin-Spiele beobachtete.
Dabei entdeckte er die schwedische „Idrotts-Märke",
eine Auszeichnung, die man guten Athleten gewährte.

Es ging dabei nicht um spezielle sportliche Leistung,
sondern vor allem um gesundheitsfördernde Ertüchtigung.
Darin steckt auch der wahre Sinn vom Sportabzeichen,
nicht das Ziel, irgendwelche Rekorde zu erreichen.

Heutzutage sind wir wieder der Rekordsucht verfallen.
„Citius, altius, fortius" gilt in fast allen Bereichen.
So setzt man auch beim Sportabzeichen neue Zeichen.
Denn in jeder Altersgruppe gibt es Gold, Silber, Bronze.

Ich weiß nicht, ob der Aufbau einer solchen Hierarchie
nicht dem Grundgedanken des Sportabzeichens widerspricht.
Oder sollte es gut sein, wenn man intern mehr differenziert,
damit jeder Teilnehmer seine wahre Befähigung spürt?

Schießt man nicht hier sehr weit über das Ziel hinaus,
verfehlt entscheidend das Mittlere nach Aristoteles?
Immerhin sollte man sich an den Wurzeln orientieren,
um nicht Freude und Spaß an dem Spiel zu verlieren.

Ettlingen, 7.11.2013

HEINRICH LAUINGER

Die Kirrweiler Spiele mit Steinen

Schreiben will ich ein Gedicht in klingenden Reimen.
Hoffentlich wird über das stolze Werk keiner weinen!
Obwohl die Steinleistung des Poeten schlimm ausfiel,
denn er hatte wahrhaft nicht entwickelt einen Stil.

Er hantierte ganz hoffnungslos immer hin und her,
wie ein Soldat, der verschaukelt sein Gewehr.
Der Ski-Anzug wirkte wie ein Albtraum aus Seide
und ließ nicht fliegen die Steine in große Weite.

Sie blieben vielmehr ganz in der Nähe liegen,
waren auch mit Tränen gar nicht aufzuwiegen.
Ich verglich sie mit der Scheinleistung im Wechselstrom,
die nicht stoppen kann Fließen von rheinischem Strom.

Aber die Leistungen der anderen boten eine Augenweide
und erfüllten alle Zuschauer sicher mit großer Freude.
Die herkulischen Gestalten explodierten vor Kräften,
als ob sie getrunken hätten von reinen Wundersäften.

Die größten Brocken zischten durch die Lüfte,
verbreiteten um sich ganz merkwürdige Düfte.
Waren sie auch oft der Hölle entstiegen,
konnten sie nicht den Himmel besiegen.

Der Dienstälteste unter der Garde der Werfer
erglänzte in steigendem Ruhm wie ein Reiter.
Doch dann erlebte er einen sehr unglücklichen Patzer,
der seinem Ellbogen zufügte einen schlimmen Kratzer.

Rotes Blut tropfte nieder auf die heiße Erde,
und ich dachte an das ewige „Stirb und Werde".
Man suchte Verbände, konnte nichts Rechtes finden,
so kann man Kirrweilers Ruhm niemals verkünden.

Aber dann kramte der Poet unter seinem Fahrersitze,
dort fand er einen amtlichen Beutel, der war Spitze.
Den untersuchte er hier allerdings zum ersten Mal,
und dort fand er Dinge, die konnten lindern die Qual.

Rasch und geschickt umwickelte er den Ellbogen mit Binden,
jetzt konnte des Professors Sport seine Fortsetzung finden.
Als wäre nichts geschehen, flogen weit seine Steine,
das brachte seine Mitkämpfer richtig auf die Beine.

Leider fehlte die Musik bei diesem lustigen Vereine,
so konnte man sich nicht recht erfreuen beim Weine.
Ringsum wächst sicher ein herrlicher Tropfen,
schmeckt besser als Saft aus Malz und Hopfen.

Auch der Bürgermeister war nicht zur Rede gekommen,
wirkten seine Ansichten sportlich etwas verschwommen?
Schweigen ist meistens besser, als etwas Falsches sagen,
das sich nicht mit herrschender Meinung will gut vertragen.

Aber wie kann jemals etwas Neues geschehen,
wenn die Winde immer nur aus Süden wehen?
Auch diejenigen aus dem kalten Norden
können aufsprengen der Zukunft Pforten.

Ettlingen, 18.8.2013

Brey

Hold erscheint das Städtchen Brey
im wunderschönen Wonnemonat Mai.
Gleich einem allerletzten Schrei
im starken Rasenkraftsport, ahoi!

Wie flogen die schweren Steine
bei gutem Bier und edlem Weine!
Die Sonne brannte vom Himmel
auf dieses sportliche Getümmel.

Mit Riesenkräften waren sie am Werk,
als ob sie umstürzen wollten den Berg.
Und der Zwerg Alberich hat sie belauscht,
hätte gern mit ihnen die Rollen getauscht.
Oder Zwerg Perkeo vom Heidelberger Schlosse,
der meistens sonntagsabends lag in der Gosse.

Auf der Rückfahrt bestaunten wir die Burgen,
als wir an dem schönen Rhein entlangfuhren.
Einst hatten wilde Ritter hier gehaust,
so recht gut gelebt in Saus und Braus.
Aber damals wie heute wächst guter Wein
an steilen Hängen säumend Vater Rhein.

Auf altem römischen Grund und Boden
kämpften wir tapfer wie einst die Goten.
Auf Siegesurkunden prangte das Kaiserporträt,
strahlend in erhabener und sehr stolzer Majestät.

Heinz Weber erzielte einen Weltrekord
in diesem uralten, anstrengenden Sport.
Dieter Wolf wurde stärkster Mann des Tages,
stolz strahlte er wie einst der Kriegsgott Ares.

Ettlingen, 27.5.2013

Der Krieg

Aufgestanden aus Gewölben tief
ist der Krieg, der lange schlief.
Seine feuerlodernde Fackel schwingt er,
um sich versammelt ein Riesenheer.

Mit Bomben, Granaten, Gewehrsalven
rennen sie blind gegen den Feind an
und werfen ihr Leben hin im Wahn.
Wollen sich lassen zu Helden salben.

Immer wieder erinnern die vielen Millionen,
die in Kriegen sinnlos das Leben verloren,
dass Philosophen und Theologen versagten,
weil sie keine mutige, klare Sprache wagten.

Sie verschanzten sich hinter Floskeln,
trainierten auch viel lieber ihre Muskeln.
Auf keinen Fall sich ein Horn anrennen,
um nicht im Feuer der Armut zu brennen.

Stets erschien das Geld wichtiger als Ethik,
denn das hat man doch immer sehr nötig.
Auf jene Muse kann man gerne verzichten,
mit der kann man doch nichts ausrichten.

So wird es wohl für alle Zeit weitergehen,
wenn sich Politiker nicht endlich überlegen,
dass hier muss Entscheidendes geschehen,
denn die Menschheit darf nicht untergehen.

Karlsruhe, 5.12.2013

Buchzeichen

Bogota und kein Ende,
wird das bringen die Wende?
Zwischen den Anden
wir uns einst verbanden.

Und am Flughafen war es aus
mit dem romantischen Schmaus,
um zu leben in Saus und Braus.
Ach, lebe wohl, du stilles Haus!

Dann entschwand sie den Blicken,
das war nicht zum Entzücken.
Als eine Idee im strahlenden Blau,
doch mein Herz war traurig und grau.

Nun sitze ich am stillen See,
wo im Sommer badete die Fee.
Bald wird fallen der Schnee,
und ich kaum eine Hoffnung seh.

Nebel ziehen über die Wellen,
ab und zu auch Hunde bellen.
Dumpfer Lärm eines Zuges,
betrachte eines Vogels Flug.

Ist das nicht zum Entzücken,
wenn Geister des Sees schweben
und die Herzen der Enten beben?
Da müsste heute etwas glücken!

Am See, 3.12.2013

JÜRGEN MOLZEN

VON DER ERSTEN MODE

ADAM WURDE EINST VERTRIEBEN
AUS DEM SCHÖNEN PARADIES
UND UMHÜLLTE, WAS ZUM LIEBEN
DIE NATUR IHM ÜBERLIESS.

INFOLGE E I N E S FEIGENBLATTES,
WEM VON UNS IST'S NICHT BEKANNT,
WAR ADAM S O   DER ALLERERSTE,
DER DEN MODE-TICK ERFAND!

POESIE KOMMT NIEMALS VON NIRGENDWO ...

POESIE kommt niemals von Nirgendwo.
POESIE ist, so wie sie ist, sowieso
verankert im Irgendwo.
POESIE kommt niemals von Nirgendwo.

POESIE kommt niemals von Nirgendwo.
Selbst bei einer POESIE, einer obstrusen,
bedarf es mindestens einer von neun Musen.
POESIE kommt niemals von Nirgendwo.

POESIE kommt niemals von Nirgendwo.
EUTERPE, KALLIOPE, MELPOMENE, KLIO,
POLYHYMNIA, TERPSICHORE, THALIA, URANIA, ERATO:
POESIE kommt niemals von Nirgendwo.

POESIE kommt niemals von Nirgendwo.
Ihren Ursprung im Herzen, im Kopf, wo
auch immer hat sie. Und macht froh!
POESIE kommt niemals von Nirgendwo.

Ergo blättert mannigfach Frau Alma nach
und liest in „WELT DER POESIE. ALMANACH!"
Erkennt fröhlich, in dulci jubilo:
POESIE KOMMT NIEMALS VON NIRGENDWO ...

DER ...

Ich habe es schon längst geahnt,
im WINTER drüber gesprochen:
„Es war von langer Hand geplant;
DER LENZ ist ausgebrochen!"

DER MAULWURF

Beim Wandern sah ich auf dem MÜGGELBERG
'nen MAULWURF nach getanem Werk.
Er war stocksteif und mausetot
und sah nicht mehr das Abendrot.

Und die Moral von dem Gedicht?
Wer hoch hinauf will, erlebt's oft nicht!

DORFFRIEDHOF

Spinnweb des Erinnerns,
Friedhofsmauer,
auf einem Grabstein
e i n g e m e i ß e l t :

GRENZSTEIN DES LEBENS –
NICHT DER LIEBE

Das Grab frisch geharkt,
in einer Vase BLUMEN ...

GEDICHTE ATMEN ...

Gedichte atmen.
Und manchmal spür' ich
in e i n e m WORT
d e n PULS
d e s DICHTERS,

der vielleicht schon längst
b e g r a b e n ist.

GEDICHTE ATMEN ...

FRÜHLING …

„FRÜHLING
ist immer
HOFFNUNG …",
sagte mal jemand zu mir.
Dem lieben Menschen
dank ich dafür!

DARAN …

Entblätterter Baum.
Wie Krallen dein Geäst.
Drin hängt ein verwunschener Traum.
Ich halte mich d a r a n fest.

APRIL, APRIL

April, April,
der macht, was er will,
und nicht, was er soll.
Das findet ihr toll?

So geht es auch Jochen:
Was hat er versprochen,
was er machen will?
APRIL, APRIL …

ERBSCHAFT

Er hat einen Namen
und lässt es uns spüren.
Er trägt diesen Namen
und viele Allüren.

Er hat einen Namen.
Wer fragt da: „Was tat er?"
Er hat s e i n e n Namen
von MUTTER und VATER!

Jürgen Molzen

OSTEREIER-NACHLESE

Unlängst konnte mein Sohn fluchen,
denn sein OSTEREI war weg.
Selbst nach stundenlangem Suchen
fand er's nicht in dem Versteck.

Dabei hatt' ich's selbst vergraben
oder sonstwo hingetan.
War es nah am Wassergraben
oder nah am Schwenkdrehkran?

Ich erbot mich, mit zu suchen,
so vergesslich, wie ich war.
Ich fand's n i c h t und hört' mich fluchen:
„Ich find's schon – im n ä c h s t e n Jahr!"

MORGEN-SCHRECK

Nachdem ich die Nacht
feuchtfröhlich verbracht,
steh' ich vor'm Spiegel
und sehe hinein –
geb' Brief und Siegel:

„D a s kann ich n i c h t sein!"

DER KEILER GRUNZI RINGELSCHWANZ

Der Keiler Grunzi Ringelschwanz
vollführt heut einen Freudentanz.
Er liebt die Schweinedame Li,
ein rosafarb'nes Borstenvieh.

Doch da sie ihn nicht gleich erhört,
ist Grunzi – wohl mit Recht – empört.
Statt GRUNZEN hört man ihn jetzt wimmern:
„So ist das mit den Frauenzimmern ..."

DIE BIRNE

Gestern schnitt ich eine Birne,
etwa gegen viertel neun.
Als wie'n Pfeil durch mein Gehirne
die Idee schoss, in der Birne
könnte eine Made sein.

Als ich's prüfte, z w e i f e l s f r e i,
da entdeckt' ich plötzlich zwei!

KLAUS-PETER NEUMANN

Hauptgewinn

samstag abend vorm tv
ja ich fühle es genau
diese ziehung macht mich reich
alles andre ist mir gleich

wenn ich jetzt nen sechser hab
könn mich alle andern mal
der sekt, der ist schon kalt gestellt
auch wenn's den nachbarn nicht gefällt

ja, ich sitze schon gespannt
mit dem tippschein in der hand
jetzt der große augenblick
doch vier vorbei am großen glück

ohne einen hauptgewinn
hat das leben keinen sinn
jedes mal das gleiche spiel
man tippt so gut, es bringt nicht viel

überweist mir die milliönchen
und dann gehen wir ins krönchen*
kauf den ganzen laden auf
und schmeiß den chef gleich mit hinaus

dann greif ich mir ne blonde torte
küsse sie ganz ohne worte
am schneeweißen zuckerguss
danach ist gleich wieder schluss

knapp daneben, dies ist fies
leicht vorbei am paradies
'ne woche mehr zur arbeit gehn
das ist kaum zu übersteh'n

der nächste tipp, der haut schon hin
das geld geht mir nicht aus dem sinn
dann laufe ich zur höchstform auf
mittendrin in göttingen

leute her mit den millionen
euros, dollars oder kronen
ich hab das zeug zum lottoking
so'n pech, dass es danebenging
und dann heiz ich über'n brenner
mit dem neu'n ferrari-renner
schaff mir drei, vier frauen an
und eine, die gut kochen kann.

* Nobelkonditorei in Göttingen

Träume

nebel kriecht über bäume
stürzt auf mich ins tal hinab
drachen regier'n meine träume
uralte stimmen aus nahem grab

blut tropft aus alten uhren
sterben fängt mit leben an
schlangen verwischen die spuren
sekunden vergeh'n ein leben lang

schwarze wolken, sie türmen
sich unter der sonne auf
die dunklen, spannweiten flügel
verwehren mir die flucht hinaus

jäh holen krachende donner
die flammenden blitze ein
licht bricht aus langen schatten
bedrohlich lodert der schein

aus dem bann verworrener träume
entsteigt ein zwerg empor
die zauberkraft vom blitz bekräftigt
als ich den verstand verlor

befreit mich von üblen dingen
des teufels purem angesicht
das böse darf nicht gelingen
was auch meinem traum entspricht.

Des Königs Hof

auf dem schlosshof ist 'ne fete
lauter adel mit viel knete
und die machen ramba-zamba
bis sehr spät nach mitternacht

der könig rutscht
öfters vom throne
denn er hat einen in der krone
trotzdem bleibt ihm seine macht

die durchlaucht müd nun
lallt befehlend
ohne einen grund erwähnend
die feier mag jetzt aus zu sein
er trägt noch auf
dass man ihn wecke
verkriecht sich unter seiner decke
rülpst nochmal und schläft sanft ein

und es graut
der nahe morgen
jeder wägt sich seiner sorgen
wie's wohl dem haupt des blaubluts geht

letztes mal ward
wie gewandelt
all das sein und tun und handeln
seiner großen majestät

wie befürchtet
ist wie immer
heute er ein ganzer schlimmer
nachdem er aus dem schlafe schreckt

als ihn sein
so wohl vertrauter
stets ergeb'ner und erbauter
narr des spaßeshalber weckt

oh, wie dröhnt er
ungeheuer
durch das dicke burggemäuer
und verlangt nach einem mädel

still und ruhig
ist es bei hofe
angst durchfährt da jede zofe
denn man kennt den dicken schädel
seiner güt'gen majestät!

BARUT OKTAY

In der Stille der Nacht

In meiner Seele zieht die Nacht so schön,
Verliebt sitze ich einsam unter der Linde.
Fast unendlich fühle ich mich jetzt,
So tief versunken ist meine Seele in Freiheit.

In die Ferne begleitet mich meine Seele,
Zum Himmel fliegt meine Fantasie.
Der schneidende Wind erzählt von der Liebe,
Und ich weiß, dass Liebe Glück ist.

In der Hölle

Wenn die Zeit da ist,
Werden wir in eine verfluchte Gegend kommen.
Dieser Ort wird die Hölle sein.

Aus dem dampfenden Wüstensand
Steigen Pech und Schwefel auf.
Die unbarmherzige Sonne brennt
Hernieder auf das dornige Gestrüpp.

Flirrend sehe ich in der Ferne Fantasien,
Tanzende Geister, die keinen Schritt mehr tun,
Vom Himmel stoßen Krähenschreie
Herab auf des Teufels Reich.

Für ein anständiges Leben
Können wir uns nicht mehr entscheiden.
Jede Idee ist für ihn bestimmt:
Er allein kontrolliert diese Welt.

Der Teufel wirkt so weit.
Er muss es wohl …

Die Liebe mit der Seele

Die Seele erhebt sich in den Himmel.
Ich habe genug vom Himmelreich begriffen.
Ich fühle die Freiheit mit ganzer Kraft.
Wo die Weisheit ist, so weiß ich,
Dass sie im höchsten Himmel
Wieder strahlend glänzt.

Meine Geliebte weiß nichts
Von meiner Gabe.
Sie soll begreifen,
Dass mein Schicksal von Gott kommt.
Sie soll mir treu bleiben.
Ich glaube daran,
Dass wir uns im Himmel begegnen.
Unsere Liebe geht bis in die Ewigkeit.
Gott hilft uns, lässt uns nicht allein.

Weil das so ist

Ich denke nicht mehr,
Weil das so ist.
Ich wollte immer lieben,
Weil das so ist.
Der Teufel ist glücklich,
Wenn sich die Menschen
Von Gott abwenden.

Was wir sind,
Und was wir machen,
Weiß Gott allein.
Die Liebe kommt von Gott.
Sie wussten nicht,
Dass die Seele alles enthält.
Selig war der Engel.

Die Welt ist niedergefallen.
Die schöne Welt ward Hölle.
Wir haben das Paradies verlassen.
Wie Finsternis ist das Leben.
Es ist eine Strafe.
Kein Mensch weiß,
Was geschieht.

Die Liebe sagt alles

Es ist für mich ein unendliches Glück.
Meine Liebe blüht.
Als ich sie gesehen habe,
Schaute sie mich an.
Es ist schön,
Wenn sie in meiner Nähe ist.

Ich sehe mich um,
Und sie ist entfernt.
Ich denke zurück
An die schönen Tage mit ihr.
Meine Seele hat einen Sinn.

Um Mitternacht ist alles still.
Die Liebe sagt alles.
Wenn die Seele unendlich ist,
Ist die Liebe unendlich.
Es ist ein schöner Tag,
Denn sie ist zurück.

Die Liebe ist anders

Ich erkenne, was die Welt ist.
Ich erkenne alle Liebe dieser Welt.
Ich fühle es, es war Gott,
Dass mein Leben voller Zeichen ist.

Ich schaue umher,
Wir sind Gottes Kinder.
Die Schönheit liegt in unserer Seele,
Wir sind die ewige Freiheit.

Die Liebe ist wie die Kräfte des Himmels.
Gottesgnade
Vergibt unsere Sünden.
Wir haben einen unendlichen Gott.

Ich fühle nicht nur, ich habe Gott gesehen.
Ich habe ein einziges Mal geliebt.
Meine Liebe zu ihr ist einzigartig.
Ich hoffe, dass unsere Liebe weiterlebt.

Ich habe ein einziges Mal
Das Paradies gesehen.
Ich sah meine Schwestern im Paradies.
Sie waren so glücklich.

Die Himmelsmenschen kennen mich.
Sie wissen alles von mir.
Die Liebe öffnet des Paradieses Tür.
Der himmlische Kuss ist die Weisheit.
Ich war im Paradies.
Das war der Kuss der Liebe.

Frag mich, wie das Paradies ist.
Denn ich weiß,
Dass es ein Traumort ist.
Die Liebe ist anders im Paradies.

Lebensphilosophie

Ich möchte verkündigen,
Dass ich ohne Geheimnisse leben möchte.
Ich habe einen Teil meines Lebens vorgespielt.
Es ist etwas in mir.

Mein Leben besteht aus verschiedenen Aufgaben.
Das ist das höchste Schicksal,
Was auf der Erde im Paradies
Und in der Hölle hervorgebracht werden kann.

Ich habe einmal erwähnt,
Und ich erwähne wieder,
Ich bin nicht einer von euch.
Ich bin in Gegenwart und Zukunft.

Lebensphilosophie II

Was ich bin und was ich sein kann,
Mein Dasein ist mir bekannt.
Liebe, Fantasie und Freiheit,
Fehler, Sünde, Besessenheit,
Ich kann dagegen nichts tun.

Ich habe sehr viel gelernt,
Ich habe sehr viel erlebt.
Was ist mein Leben?
Ich mache mir keine Gedanken.
Ich weiß es.

Mein Dasein ist geheimnisvoll.
Mein Leben ist besonders.
Kein Mensch weiß,
Welche Vorstellungskraft ich besitze.
Ich sollte mein Denken vorbringen.

Als ich das tat,
Habe ich gemerkt,
Dass mein Denken höchstes Schicksal ist,
Die Seelische Wirkung ist ein Funke.
Solch seelische Wirkung gehört allein mir.

Alles, was ich besitze,
Geht von meiner Identität aus.
Die ganze Sünde,
die ich beging,
Das ist nicht mein Selbst.

Wenn die Nacht so still ist

In meiner Seele zieht die Nacht so schön.
Ich habe unendliche Fantasie,
Wenn die Nacht so still ist.
Ich liebe die einsame Nacht.

Ich fühle mich unendlich.
Die Freiheit in meiner Seele ist tief versunken,
Wie schön ist die Natur.
Meine Seele begleitet mich in der Ferne,
Ich denke über das Leben nach.
Und ich weiß, dass Liebe so glücklich macht,
Ich fliege mit meiner Fantasie zum Himmel.

Süß ist die Liebe.
Der Wind erzählt von ihr,
Ich fühle ihn.
Unsere Liebe führt uns in den Himmel.
Lass die Liebe still kommen.
Wir erkennen sie, lass sie nicht warten,
Sie kommt aus der Ferne.

Diese Nacht erzähle ich ihr,
Wie hübsch sie ist.
Dieses Buch erzählt alles,
So rufe ich dich in Gottes Gegenwart.

Der Himmel geht nieder,
Mein Tag ist voller Glanz.
Ich bin so einsam,
Weil ich verliebt bin.
Ich möchte ihr vom Paradies erzählen.
Ich möchte ihr von Gott erzählen.
Ich habe sie geliebt.

Sie ist so süß.
Sie ist wieder da.
Meine Fantasien steigen in den Himmel.
Still ist meine Seele.

Erklär mir alle Liebe

Ich weiß nicht,
In welcher Welt wir leben.
Weißt du, wie der Himmel ist?
Ich hoffe, dass Gott uns
vergibt.

Es ist ein schöner Traum,
am himmlischen Ort zu leben.
Oft im Traum sehe ich ihn.
In der Nacht fühle ich sehr tief
Unter dem gleichen Himmel.

Ich bin einsam und denke nach.
Gott hat uns geliebt.
Erklär mir alle Liebe, die ich nicht kenne.
Wie sich der blaue Himmel verfinstert,
Fühlst du ihre Liebe.

Sie ist einsam, sie ist ohne Gott.
Erkennst du Gottes Gnade?
Du darfst Gott nicht vergessen.
Möchtest du Gott kennenlernen?
Es ist die Liebe.

Die Gegend liegt still,
Die Natur und die Nacht
Und die Menschenseele,
Sie fliegen für die Freiheit.
Gott entscheidet alles.

So traf ich einen hübschen Engel,
Es ist meine erste Liebe.
Meine Liebe zu ihr ist ewig.
Ich hoffe, dass wir uns
Im Himmel begegnen.

Meine Liebe ist wie ein bunter Himmel.
Ewiger Gott.
Sie ist meine Geliebte in diesem
Und im nächstem Leben.
Es gibt nichts Schöneres, als dich zu küssen.
Der Tag wird kommen,
Da der Himmel niedersinkt.

Gott ist mein Schöpfer

Ich kam in diese Welt hinein,
Voll Liebe,
Voll Freiheit.
Jetzt bin ich niedergefallen.

Gott ist mein Schöpfer,
Er gibt mir noch Zeichen.
Gott ist die Liebe,
Gott selbst besitzt die Liebe.

Schuldig

Ich fühle jede Tatkraft übersinnlich,
Es existiert nur für bestimmte Zeit.
All meine denkende Kraft, die ich ausstrahle,
Ließ mich auf die Gegenwart blicken.

Dass ich meine Bestimmungen
Ohne Zweifel erfüllen konnte,
Dass ich selbst voraussehen konnte,
Dass meine Tat der Wahrheit entspricht.

Aber es geschah alles mit kritischem Denken.
So fühle ich mich schuldig.
Ich verfolge diese Gedanken mit höchstem Leid,
Weil mein jetziges Dasein anders ist.

Ich möchte mich selbst kennenlernen,
Ich möchte meine Taten nicht wiederholen.
Es ist mein Schicksal,
Dass mein Denken anders wirkt.

Ich bin mein eigener Schöpfer.
Mein Dasein war vom Ursprung bestimmt.
Ich habe einen anderen Gedanken verarbeitet,
Weil ich die Wahrheit anders erlebt habe.

Es ist ein anderer Gedanke.
Ich fühle durch meine Seele etwas Bestimmtes,
Was ich mir vorstelle.
Es ist eine fremde Tat,
Die über mein Denken hinausgeht.

Kritische Gedanken

Alle meine Beweise führen mich
In eine pessimistische Richtung.
Ich plane alles voraus
Mit vielen Erkenntnissen.
Sie soll aber durch mich nicht
In Schwierigkeiten kommen.

Es ist etwas,
Das ich nicht selbst beeinflussen kann.
Es ist der Beginn
Eines neuen Lebens.
Es ist ein höheres Dasein.
Es ist nicht von dieser Welt abhängig.

Ich fühle mich zu einem anderen Gefühl genötigt,
Empfindungsgefühl und kritische Gedanken.
Es ist eine pessimistische Sichtweise,
Bei der ich mir eine neue Sichtweise vorstellen kann.
Es ist eine neue Begründung
Für das Schicksal der Welt.

Ich kann es nicht durch meine
Empfindungen darstellen.
Diese Empfindungen sind mir fremd.
Wenn mein Leben mir fremd ist,
So ist jede Eigenschaft verloren.
Dies ist nicht von mir abhängig.

Diese Erkenntnis liegt in der Welt begründet,
Die ich nicht stärker beeinflussen kann.
Da fühle ich mich gezwungen,
Meine Empfindungen zu überlegen, von allen Seiten.
Diese Kraft ist ganz anders, es ist eine Tatkraft,
Die wahrgenommen werden kann.

Ich habe, ich weiß, ich sehe

Ich habe den Teufel entdeckt.
Ich habe mein Wissen über ihn genug verwendet.
Meine Lebensabsichten gehören dem Glauben.

Ich habe andere Lebensabsichten gesehen.
Ich habe mein Wissen wiederholt.
Ich habe meine Gedanken in eine
Übersinnliche Richtung getragen.
Ich habe verschiedene Taten wiederholt.
Ich habe viele Beweise, dass mein Denken
Und Wissen anders sind als ich.

Ich habe meine Erkenntnisse zusammengefasst,
So bestreite ich mein Dasein.
Wozu bin ich fähig?
Es ist schon Vergangenheit.
Ich habe den ursprünglichen Teufel erlebt
Mit guten und bösen Seiten.
An jedem Weg stand er.

Ich habe drei verschiedene Lebensaufgaben.
Ich bin oft verzweifelt.
Die Wahrheit konnte ich nicht ertragen.
Ich habe verschiedene Einbildungen erlebt.
Ich habe das Leben geprüft
Und wieder geprüft.
So sah ich die Hölle.

Ich hatte übersinnliche Visionen,
Ich habe das Leben in der Hölle gesehen.
Ich hörte die Stimme des Teufels.
Er hat mich gelehrt.
Wie konnte ich solche Gedanken besitzen?
Ich war überzeugt von mir gewesen,
Welche Kräfte hatte ich.

Ich weiß wohl,
Wie ich die Welt beherrschen kann.
Ich habe meine Taten wiederholt.
Ich habe die Allgemeinheit erlebt,
Wie sie mir Wert gegeben hat.
Ich weiß wohl,
Mit welchen Kräften ich vorgehe.

Ich sehe in der Allgemeinheit
Eine seelische Aufregung.
Ich sehe meine Gedanken in der Gegenwart.
Ich bin eine höhere Person
Als das Weltgesetz.
Ich habe meine Gedanken geachtet
Und wieder geachtet.

Meine Seele war künstlich erzeugt.
Ich wollte ein neues Leben begründen.
Ich sehe die Hölle und verleugne sie.
Ich sagte der Allgemeinheit,
Ich bringe euch ins Paradies.
Die höllischen Menschen wären überrascht gewesen.
Ich möchte jetzt wissen, wer Gott ist.

Lebensschicksal

Ich habe kein Wissen über die Vergangenheit,
Aber ich weiß vieles.
Ich habe die Liebe
Bis zu einem Punkt betrachtet.
Ich war verzweifelt.

Ich habe mich radikal verändert.
Meine Gedanken waren in einer fremden Dimension.
Ich habe Fragen über das Leben gestellt.
Meine unendliche Liebe
war fort.

Ich wollte mehr wissen über meine Dämonen.
So beginnt ein geheimnisvolles Spiel,
In dem ich nicht weiß, was geschieht.
Ich wollte meine Liebe wieder zurück.

Meine Seele wurde künstlicher,
Ich war traurig und ängstlich.
Ich habe Fragen über die Wahrheit gestellt.
Es war eine andere Wahrheit,
In der ich alles beherrschte.

Ich bin so mächtig wie ein Gott.
Als ich die Lehre begriffen habe,
Konnte ich wirken.
Ich brachte meine Seele in
Eine andere Dimension.

Es war einmalig.
Ich wusste,
Dass ich weit wirken konnte.
So wurden meine Gedanken zur Tat,
Und der Teufel sprach mit mir.

Er sagte „Ich bin dein Gott, folge mir nach.
Du wirst beherrschen."
Ich verstand, es gibt eine Wiedergeburt.
Die Kraft war in mir,
Und ich bewegte die Welt als Schöpfer.

Lebensschicksal II

Ich, himmlische Seele,
Stehe in Verbindung zu den Menschen.
Ich erkenne meine Seele als rein.
Aber am wichtigsten ist,
Zu sehen, was geschah.

Als meine reine Seele aufgestiegen war,
War mein Dasein eine teuflische Identität.
Mein Schicksal kam von Gott.
Ich habe Gottes Gegenwart verlassen,
Weil ich keine Liebe und Freiheit empfand.

Ich bin mir bewusst,
Dass ich zwischen Gott und Teufel stehe.
Wenn ich die höchste Gottheit erleben kann,
So weiß ich,
Das Dasein kehrt zu Gott zurück.

Diese unendliche Macht
Ist von göttlicher Identität.
So erhalte ich einen neuen Charakter,
Es geht um Werte und Wohlfühlen.

Ich erkenne den teuflischen Charakter,
Er ist ein künstliches Erlebnis.
Ich sehe jede Veränderung.
Ich spiele gegen meine Identität
Und versuche, dass die Menschen gottgleich werden.

Ich weiß eins:
Dass die Welt im Mittelpunkt steht,
Dass die unendliche Freiheit noch
Nicht vorhanden ist.
Meine himmlische Seele ist gottgleich.

Ich habe die unendliche Freiheit
Ein einziges Mal erlebt.
Die himmlische Seele war ein Signal.
Alles, was ich bin,
Sind Welt, Paradies, Hölle und Zukunft.

Meine Person hat keinen Kontakt mehr
Zu meiner himmlischen Seele.
Das bedeutet:
Ich habe die Aufgabe fast beendet.
Doch es gibt noch bestimmte Aufgaben.

Gott ist sich bewusst,
Dass mein Dasein
Eine neue Freiheit
begründen kann.
Ich kann die Welt befreien.

Ich habe die Weltseele
In den Himmel genommen.
Jeder Mensch sollte die Freiheit wahrnehmen,
Die gottgleich ist.
Ich sah die Zukunft
Und eine tiefe Freiheit in den Menschen.

Gott und Teufel

Ich möchte über Gott
alles wissen.
Doch Gott lebte in mir.
Ich sah Gott einsam.

Meine himmlische Seele ist
In Gottes Höhe aufgestiegen.
Ich möchte über den Teufel alles wissen.
Ich möchte seine guten Seiten erleben.

Doch er war lieb.
Ich erkenne den Teufel durch meine Liebe.
Ich fasste Hass.
Ich hatte grausame Gefühle.

Die Gefühle brachten mich in Teufels Küche.
Ich habe die Hölle erlebt.
Die höllischen Taten sind in dieser Welt vorhanden,
Mit niederen Gefühlen.

Ich verstehe den Teufel.
Ich habe den Himmel gefunden.
Ich kann jetzt wünschen.
Ich sehe sie, ich fühle sie.

Ich sehe durch mich eine radikale Veränderung.
Ich hatte Visionen.
Ich sah eine seelenlose Gegend.
Ich wusste, dass die Menschen künstlich tot waren.

Philosophie

Mein erstes Dasein ist die Liebe.
Mein zweites Dasein ist übersinnlich.
Ich verfolge mein Dasein.
Und ich bin mir bewusst,
Dass die Welt von mir abhängt.

Mein Dasein gehört allein Gott.
Es ist nicht meine Aufgabe,
Was in der Welt passiert.
Ich begründe nur
Freiheit, Liebe und böse Ursachen.

Das Leben steht mir gegenüber.
Was ich bin
Und was ich sein kann.
Die Taten habe ich selbst erlebt.
Jeder Mensch ist für sich verantwortlich.

Meine Schriften haben als Autor
Einen Sinn.
Die Welt ist von der Wahrheit entfernt.
Es ist unsere Aufgabe,
Eine neue Welt zu begründen.

Der Freiheitszustand hängt mit
Der Seele zusammen.
Wenn die Seele künstlich ist,
Kann Gewalt die Menschen
beherrschen.

Ich habe keine Seele

Ich habe keine Seele,
die lieben und fühlen kann.
Und doch trage ich Gott in mir.
Gott rief mich zum Berg.
Als ich dort war,
habe ich Gottes Stimme gehört.
Er rief laut,
ich hatte Angst.
Gott wusste, was mit mir geschieht.
Das ganze Leid sollte aufhören.
Ich wurde geboren mit Gottes Segen.
Ich trage alles in mir:
das Paradies
die Hölle
die Welt
die Zukunft.

Was tust du, Gott?

Was tust du, Gott?
Siehst du denn nicht, was in der Welt vor sich geht?
Ich war dein Engel,
du hast mich verbannt
und einen gefallenen Engel aus mir gemacht.
Ich verlor alles,
meine Liebe und meine Fantasie.
Was tust du, Gott?
Ich empfinde absolut nichts.
Es ist meine Aufgabe, die Welt zu beschützen.
Du hast mich getötet,
und du erwecktest mich wieder
als großen Engel mit neuer Kraft,
mit guten und mit schlechten Seiten.
Ich erkenne deine Weisheit.
Ich glaube nicht,
dass du mich verlassen hast.
Aber ich glaube,
die Welt ist die Hölle.
Und weil ich die Hölle kenne,
möchte ich nur Gutes tun.
Aber ich erkenne Dich nicht mehr.
In meiner Seele tobt ein Gewitter.
Ich lebe mein Leben nach deinem Plan.
Mein Leben was das Paradies.

Nancy Steinhoff

Nur ein Augenblick

An einem Tag ohne Bedeutung,
an dem alles bisher spurlos vorüberging,
sahen wir plötzlich
in die Spiegel der Seele des anderen,
und sie entfachten ein Feuer in uns
wie nie zuvor.
Nur diese kurze Zeit,
doch gefühlt wie eine Ewigkeit,
reichte aus, um uns aneinander zu fesseln
in diesem Moment,
an einem Tag mit Bedeutung,
der seine Spur hinterlassen hatte,
eingebrannt in unsere Herzen.

Wenn der Schnee fällt in Russland

Wenn der Schnee fällt in Russland,
weit, weit bist Du fort.

Wenn die weißen Flocken fallen,
weit, weit bist Du fort.

Mein Herz sehnt sich nach Dir,
doch Du bist nicht hier.

Ich denke jeden Tag an Dich.
Denkst Du auch so oft an mich?

Mögen zeigen Dir die Sterne
den Weg zu mir aus weiter Ferne.

Wenn der Schnee fällt in Russland,
nie mehr gehst Du fort.

Wenn die weißen Flocken fallen,
bleibst Du im Heimatort.

Gemeinsam gehen wir Hand in Hand
dann durch's verschneite Russland.

Eine Schlittenfahrt im Schnee

Der Wind, der weht so eisig kalt
durch den weißen Winterwald.

Es tanzen die Flocken vom Himmel herab,
drei schwarze Pferde laufen im Trab,
gespannt vor einen Schlitten aus Holz,
majestätisch und so stolz.

Die Fahrt ist lang, der Weg ist weit,
die ganze Welt ist heut verschneit.

Ein Märchen beginnt: Es war einmal ...
ein Schweigen über Berg und Tal.

Die Erde schläft tief und fest
und uns mit ihr träumen lässt.

Besinnlich ist die Reise,
Eiszapfen tropfen leise.

Kristalle funkeln hier und da,
strahlend schön und wunderbar.

Zugefroren der große See,
überall glitzert der Schnee.

Diese Jahreszeit, wie wahr,
verzaubert uns auch im nächsten Jahr.

NANCY STEINHOFF

Ein Weihnachtsgedicht

Zwischen Krieg und Frieden
ist uns das Weihnachtsfest beschieden.
Ein Fest der Liebe auf dieser Welt,
die Gott in seinen Händen hält.

Doch irgendwo im Glanz der Kerzenlichter
traurige Kindergesichter.
Tausend Tränen in dunklen Tagen
haben ihre Augen schon getragen.
So viel Leid und so viele Schmerzen
und nur ein Wunsch in ihren Herzen.

Und irgendwo im Glanz der Kerzenlichter
fröhliche Kindergesichter.
Tausend Augen strahlen sehr,
schon lange weinen sie nicht mehr.
Kein Leid und keine Schmerzen
und viele Wünsche in ihren Herzen.

Doch nur die Liebe und der Frieden ganz allein
werden immer die größten Wünsche sein.
In all den schweren, harten Zeiten,
bei Kriegen und bei Streitigkeiten.

Eine Botschaft ist das Weihnachtsfest,
eine Hoffnung, die uns leben lässt.

Weihnachtsgrüße vom Schneeflöckchen

Nun ist es wieder mal soweit:
Willkommen schöne Weihnachtszeit!
Weiße Flocken fallen leise,
beginnen ihre Winterreise.
Über Berg und über Tal
tanzen sie in großer Zahl;
und eines dieser dicken Flöckchen
mit Mütze, Schal und Spitzenröckchen
lässt Dich herzlich von mir grüßen,
landet vielleicht auf Deinen Füßen,
in der Hand oder im Gesicht
und sagt Dir: „Ich vergesse Dich nicht
und wünsche Dir ein Weihnachtsfest,
das keine Wünsche offenlässt,
sowie ein glückliches Neujahr,
dass alles besser wird, wie's war."

Der Zauber der Schneekönigin

Wenn Wolkenstaub vom Himmel fällt,
blickt sie herab auf diese Welt.
Sie liebt die raue Winterzeit
und trägt aus Schnee ein weites Kleid.
Du siehst sie kommen aus der Ferne.
Ihre Augen strahlen wie Sterne.
Ihr feines Haar ist lang und weiß.
Ihr Herz, das ist aus purem Eis
und Millionen Jahre alt.
Ihr Atem ist so schrecklich kalt,
überall ist er zu spüren.
Ihre Schönheit will dich verführen.
Sie zeigt dir stolz ihr Königreich.
In ihren Armen, kühl und weich,
kannst du dein Leben schnell verlieren.
Ein Kuss von ihr lässt dich erfrieren.
Das Eis in deinem Herzen schmilzt,
erst wenn du wieder leben willst.
In die Sonne muss sie schauen,
denn nur so kannst du auftauen.
Diese Wärme mag sie nicht.
Aus der Dunkelheit ins Licht
wird der Frühling dich wachküssen,
und sie wird wieder gehen müssen.
Die Schneekönigin im Glitzerkleid,
vorbei ist dann die Winterzeit.

CORNELIUS VONDERAU-PRÜTZ

Gedichte zur Liebe

Erinnerung ans erste Mal

Ich kam ihr wohl gelegen
kam und legte
mich zu ihr
ich war ihr nahe
kam noch näher
sie kam mir auch
entgegen sagte
komm bleib hier.

Es kam ihr wohl gelegen
dass ich so
bei ihr war
mich machte es verlegen
als ich dann kam
dass sie so war
vielleicht nur
meinetwegen.

Liebestraum Nr. 4

Während sie schlief ...
hielt ich Ausschau
nach unseren Träumen
verborgen in den Tiefen
der Nacht
fand ich sie
am Morgen
als sie mich sanft
aus meinen
riss.

Stellenweise Liebe

Die Stellen, die
du mir versagtest,
in jenen hellen Nächten
nur mit Worten alles sagtest,
sind endlich mein
geworden, hab sie mit Taten
zugedeckt.

Doch jene, die
du mir verschwiegst,
aus dunklen Tagen
nur die Wahrheit nicht verrietst,
sind dir geblieben, hast sie
auch noch vor dir
versteckt.

Mare nostrum

Stundenlang
standen sie am Meer
jeder für sich
unter den wütenden Wolken
tobte der Sturm
stundenlang
und das Meer
beruhigte sich nicht.

Erst spät
schien es überwunden
als die Wut der Abendsonne wich
waren die Wogen geglättet
und sie
umarmten sich.

Als der letzte Sonnenstrahl
im Meer versank
ganz zart
endlich
der letzte Kuss
das war
ihr Untergang.

Dich zu Mir

Als Du Dich
aufdrängtest
mir
mit Worten
mit Küssen
mit Taten
ließ ich es
zu
immer wieder
und immer wieder
und irgendwann
war Ich es
auch
dann ließ Ich dich
zu
Mir.

Nachts, allein, nur mit Dir

Ich möchte
mich eingraben
in Dir
ganz tief
mich mit Deiner
feuchten Erde
bedecken
überall
bis mir
ganz warm ist
überall
und ich nicht mehr
atmen muss
allein
nur mit Dir
ganz tief.

Illusion

Gefühlt, wie es ist.
Gedacht, wie es sein könnte.
Gesagt, was man so sagt.
Getan, was man tun konnte.
Gehofft,
wie so oft.
Gekommen, wie es kommen musste.
Bekommen, was man nicht
erhoffte.

Abschiedsessen

Dich
zum Essen
geladen
gegessen
geschmeckt
nicht mehr
nach Dir
verzehrt
nicht mehr
Nachtisch
genascht
nochmal
vernascht
nicht mehr
Dich
zum Fressen
gern
gehabt
einmal.

SABINE WICH

Am Totenbett

Im Tod liegt nicht Furcht,
sondern die Stille selbst,
ein Geh'n mit den Winden ins Unbekannte,
ein Abstreifen von Anhaftung und Sitte
in die Freiheit des Himmels.

Und die Seele versteht jetzt
ihre Kämpfe und ihre Räume,
ihre Schreie und ihr Schweigen.

Und wir, die wir bleiben,
ahnen vielleicht die Lichter unserer Verbindungen,
in denen wir in unserer Anhaftung leben und wirken sollen,
ohne Angst vor der Ungewissheit des Morgen,
ohne Fragen nach Ziel und Ergebnis unserer Handlungen,
sondern aufschauend zu allen Vorausgegangenen,
Hingegebenen und Wissenden.

Am Grab der Eltern

Frag' nicht, wo die Rosen sind,
denn sie schlummern ohne Dornen
in still ersehnter Ewigkeit.

Such' sie nicht,
denn sie bedürfen
nur gedachter Zärtlichkeit.

In meinen Händen ruht der Tag

In meinen Händen ruht der Tag,
was ich aus ihm wohl machen mag?
Ob ich des Glückes Seele spüre,
mich in dem Schein der Welt verliere?

Die Erde zieht an meinen Füßen,
als wollte sie ihr Kind begrüßen.
Und blick' ich in die ferne Weite,
erahne ich mein eng' Geleite …

Um nichts mehr ich mich sorgen will,
des Schöpfers Atem wehet still.
Sein Äther ist der Liebe voll,
nun weiß ich, was ich machen soll!

Sommerlaune

Vergnügt bin ich, in Sommerlaunen,
den Weg umspielt ein frisches Nass,
der Blick zum Berg schenkt mir ein Staunen,
um diese Welt, die ich so mag.

Ich streue in Gedanken Zweige,
manch einer sich verwurzeln wird,
mein Herz hat heute eine Bleibe,
in deinem Arm, der Sonne wiegt.

Den Frieden segnet nur der Himmel,
sein Blick im See von Erde träumt,
bewegt sich lächelnd über Wellen,
sein Glitzern alles Weh' entzäunt.

Mein Wort ist frei und ohne Lügen,
der duft'ge Wind es sprechen wird,
was heut' auf meinen Lippenzügen
gesagt wird, ist von Sommerwelt.

Still ruhen nun die Fluren

Still ruhen nun gekämmte Fluren,
des Tages Licht verschiebt die Uhren,
bald alles wieder fruchtlos wird,
des Windes Weh'n die Flügel hebt.

Noch gestern hingen Spinnenfäden
inmitten allzu gold'ner Ähren,
des Sommers Hand nahm voller Liebe.
Ach, wenn er doch für immer bliebe ...

So manches Kleid der letzten Tage
muss nun Veränderung ertragen,
bevor die ersten Sturmgebahren
die Jahreszeiten uns bewahren.

Später Abend

Stunden eines späten Abends
in mollige Wärme getaucht,
gebettet in traulichen Armen,

ruhende Verschlungenheit.

Trunkene Abschiede
neben knisterndem Ofen begossen,
belächelt,

gereift sind die Früchte des Wollens.

Tage eines späten Jahres

in launischem Regen versunken,
blutender Herbstwald,
ertränkt in dir sind meine törichten Fragen.

So war es –
das Gestern.

So sei es –
das Morgen.

Dem suchenden Herzen der Sinn.

Geduldige Stille;
dein Schweigen ist Frieden, ist Licht.

Begegnung ist Abschied.

Verlassen ist der,
der dem Fließen entflieht,
der den Stunden, den Tagen versagt,
was das Jahr sprechen will.

AUTORENSPIEGEL

Aurich, Sabine
Sabine Aurich wurde 1988 in Halle an der Saale geboren und verbrachte dort ihre Kindheit und einen Teil ihrer Jugend. Ihre Ausbildung machte die Autorin in Bayern, wobei es ihr schwerfiel, sich dort einzuleben. Ihre Träume, Wünsche und Gefühle stellte sie zunächst zurück, um Fuß zu fassen und ihrer Familie das Gefühl zu geben, dass sie angekommen sei. In dieser schweren Zeit lernte Sabine Aurich ihren Mann kennen, der sie bis heute unterstützt und ihr Halt gibt. Die Autorin hat sich ihrer Vergangenheit gestellt, um mit ihr abzuschließen, aber auch um sich an ihre lange verborgenen Wünsche und Talente zu erinnern. Sie lebt und schreibt nun nach dem Motto „Gib deiner Seele Flügel". Im Frieling-Verlag erschienen von Sabine Aurich bisher das Buch „Was verschlossen ist, wird befreit" (2014) sowie einige Gedichte in der Anthologie „Ly-La-Lyrik • Ausgabe 2014".

Barsch, Christian
Der Autor wurde 1931 in Cottbus geboren und war 35 Jahre lang am Konservatorium seiner Vaterstadt als Lehrer tätig.
Von Christian Barsch erschienen mehrere eigenständige literarische Werke – „Vier Streiflichter", „Fremdes Gesicht" und „Jahreszeitenbilder" – sowie ausgewählte Arbeiten in einer Vielzahl von Sammelbänden, darunter in bislang 104 Frieling-Editionen.
In der vorliegenden Ausgabe setzt der Autor seinen bisher in der Frieling-Anthologie „Reise, reise" in den Jahren 2010 bis 2013 erschienenen Gedichtzyklus „Hiddenseebilder" fort und beginnt gleichzeitig mit seinem neuen lyrischen Zyklus „Die Hexe Kret".

Bocianiak, Hans-Jürgen
Hans-Jürgen Bocianiak wurde 1949 in Walsum am Niederrhein geboren und studierte nach dem Abitur Rechtswissenschaft in Bochum und Frankfurt am Main. Der bis 2013 in der Versicherungswirtschaft tätige Autor ist verheiratet und lebt seit 1970 in Frankfurt/Main.
Er kann auf diverse versicherungsrechtliche Publikationen in einschlägigen Fachzeitschriften verweisen, veröffentlichte aber auch Sprachglossen. Seit vier Jahren nun schreibt Hans-Jürgen Bocianiak Gedichte, in denen das Spiel mit der Sprache und der Nonsens eine besondere Rolle spielen. Nach eigenen Aussagen ist er beeinflusst von der „Neuen Frankfurter Schule" (NFS). Erstmals erscheinen nun lyrische Texte vom Autor im Frieling-Verlag Berlin.

AUTORENSPIEGEL

Brentzel, Marianne
Marianne Brentzel wurde 1951 in Recklinghausen geboren und lebt heute in Kämpfelbach bei Pforzheim. Die gelernte Erzieherin und Sozialarbeiterin, die von sich selbst behauptet, ein ruhiges und beschauliches Leben zu führen, ging vor zwei Jahren in Rente und widmet sich seither intensiv ihren Hobbies, z. B. dem Lesen von Gedichten – vor allem Rilke – und Balladen, dem Häkeln von Ketten aus Edelstahl und Yoga. Die Autorin ist zudem ein großer Fan von Heinz Erhardt. In der Anthologie „Ly-La-Lyrik • Edition 2014" gab Marianne Brentzel ihr Debüt und lässt uns mit den Gedichten in der vorliegenden Ausgabe nun wieder an ihrem literarischen Schaffen teilhaben.

Elsässer, Manfred
Der im April 1940 in Leipzig-Schönefeld geborene Manfred Elsässer studierte nach der Schule an der Karl-Marx-Universität Leipzig Theologie, 1967 erfolgte die Ordination zum Pfarrer. Bis zu seiner Emeritierung im Jahre 1998 war der Autor mit Leib und Seele Pfarrer und übte nebenbei auch immer ehrenamtliche Tätigkeiten aus. Seit 2010 lebt er in Zwickau-Marienthal.
Manfred Elsässer ist verheiratet und hat eine Tochter. Bisher veröffentlichte der Autor seine Gedichte nur in Kirchengemeindeblättern (Zwickau, Leipzig, Jahnsdorf) und Zeitungen, wie z. B. der Freien Presse. Neben seinen Gedichten textete er zwei Kirchenkantaten („Abraham" und „Speisung der 5000") von Paul Eberhard Kreisel. Mit den hier vorliegenden lyrischen Texten möchte der Autor seine christliche Weltsicht und seine in Poesie gefasste Meinung zu verschiedenen Themen an das interessierte Lyrikpublikum herantragen.

Engels, Julia
Die 1994 geborene Autorin absolvierte 2013 ihr Abitur an einem Neusprachlichen Gymnasium und möchte nach ihrem freiwilligen sozialen Jahr Literatur studieren. In der „Welt der Poesie • Edition 2013" des Frieling-Verlages Berlin gab Julia Engels Ihr literarisches Debüt. Beschwingt und leicht begegnen uns hier nun die neuen Verse der Autorin.

Ferlemann, Michael
1970 in diese Welt getreten,
gesehen, erlebt, gelernt, erfahren,
dass: das Leben eine spannende
Entdeckungsreise ist.
Von uns.
Und von dieser Welt.
Für die Träume.

Worte verbinden Welten,
bauen Brücken zwischen den Menschen.
Geben Hoffnung und Mut
Für unsere Träume.
Der Autor gab in der „Welt der Poesie • Edition 2013" des Frieling-Verlages Berlin sein literarisches Debüt. In der hier vorliegenden Ausgabe nun lässt er uns erneut an seinem unermüdlichen lyrischen Schaffen teilhaben, indem er farbenprächtige und wortgewaltige poetische Bilder entwirft und dem Leser zuhaucht.

Fischer, Regina Franziska (geb. Pollok)
1951 in Herford geboren, besuchte die Autorin das Gymnasium in der Wittekindstadt Enger. Ausbildungen zum „Industriekaufmann IHK" und zur Fremdsprachenkorrespondentin Englisch folgten sowie ein erfolgreich abgeschlossenes Belletristik-Studium; siehe dazu auch den Eintrag im Deutschen Schriftstellerlexikon. Sie ist verheiratet und lebt als freie Autorin und Schriftstellerin in Bielefeld. Als Mitglied der DHG, Frankfurt, und der Österreichischen Haiku-Gesellschaft, Wien, widmet sie sich der hohen Kunst der japanischen Kurzlyrik (zwei eigene Bände mit Archivierung im Deutschen Literaturarchiv, Marbach). Seit mehr als dreißig Jahren unterstützt sie als Mehrfachpatin die Dritte Welt für World Vision, Frankfurt (Ehrenurkunde).
Regina Franziska Fischer veröffentlichte elf eigene Bücher. Während ihrer Brustkrebserkrankung 2007 entstanden fünf Lyrikbände. Ihr Buch „Lichtertore" hat dem Vatikan vorgelegen. Der darin enthaltene Artikel über Sterben auf Intensiv ihres Vaters Peter Paul Pollok – „Dies ist kein Menschenland" – hat tausendfach berührt. „Ein Stück Himmelszelt" (2012) beinhaltet ihr lyrisches Gesamtwerk. Sie nahm mit ihren feinfühligen, tiefsinnigen Texten, geprägt auch von christlicher Nächstenliebe, an unzähligen Anthologien teil, darunter inzwischen an neun Frieling-Editionen: Welt der Poesie 2012, 2013 (erstes deutsches Papstgedicht) und nun 2014, Auslese zum Jahreswechsel 2012/13 und 2013/14, Prosa de Luxe •Anno 2013 und 2014 sowie Ly-La-Lyrik • Edition 2013 und 2014.

Fox, Ilse
Ilse Fox wurde im Juni 1939 in Schmalkalden/ Thüringen geboren und wuchs als wohlbehütetes Einzelkind auf. Ihr musisch begabter Vater, der ihr immer ein Vorbild war, schickte sie mit acht Jahren zur Klavierschule. Der viel zu frühe Tode des Vaters – er starb, als die Autorin 13 Jahre alt war – und die Not der Nachkriegsjahre machten Ihren Traum von einem Besuch der Musikschule Weimar zunichte. Ilse Fox erlernte den Beruf der Sekretärin und bildete sich dann zur Handelskauffrau

weiter. Mit 18 Jahren zog sie nach Ludwigsfelde in der Nähe von Berlin, wo sie elf Jahre lebte. Danach ging sie mit ihrer Familie nach Magdeburg, wo sie auch heute noch ansässig ist. Ihr Leben als Ehefrau und Mutter verlief „normal", und erst in den letzten Jahren begann Ilse Fox zu schreiben. Das Dichten und Schreiben machen sie zufrieden und glücklich, so die Autorin, und die Ermunterung ihres „Publikums" ließen sie mit der Herausgabe einiger ihrer Gedichte hier in der „Welt der Poesie" den Schritt an die literarische Öffentlichkeit wagen.

Nina Fürkötter
Die Autorin wurde 1977 in Recklinghausen geboren und lebt heute in Castrop-Rauxel. Sie ist Beamtin des Landes Nordrhein-Westfalen und arbeitet in Dortmund. Schon in ihrer Jugendzeit schrieb Nina Fürkötter Kurzgeschichten. Später verfasste sie ihre ersten Gedichte und stellte schnell fest, dass das Schreiben „heilsam" für sie ist. Tiefe persönliche Gedanken und kleine Erlebnisse des Alltags finden sich in ihren lyrischen Texten wieder. Neben dem Schreiben ist die Autorin auch musikalisch aktiv; so nahm sie eine Zeit lang Schlagzeugunterricht, wechselte später aber zum japanischen Trommeln (Taiko).
In dieser Anthologie tritt Nina Fürkötter mit ihren Gedichten nun erstmals an das literarische Publikum heran.

Fürkus, Jürgen
Der 1944 in Pommern geborene und in Mecklenburg aufgewachsene Autor studierte nach dem Abitur in Moskau Elektrotechnik (Dipl.-Ing.) und übte anschließend fachliche und leitende Funktionen in der Energiewirtschaft aus. In den 80er-Jahren war er im Dienste von UNO und UNIDO weltweit in der Förderung der Energieversorgung und Industrialisierung der Dritten Welt tätig, publizierte zu Fachthemen und trat auf internationalen Kongressen auf. Nach der Wende arbeitete er im Organisationskomitee 18. Weltgaskongress und als Projektmanager in der freien Wirtschaft.
Von Jürgen Fürkus, der neben Gedichten auch deutsche Songtexte zu englischsprachigen Titeln und Kurzgeschichten schreibt, erschienen die Autobiografie „In jedem Wagnis eine Chance" (2007, Mauer Verlag, Rottenburg), der Gedichtband „Lyrik – Quer durchs Leben" (2009, Pro BUSINESS Verlag, Berlin), das Buch „Literarische Eigenblicke" (2013, Pro BUSINESS, Berlin) sowie Gedichte in diversen Anthologien, darunter in bislang acht Frieling-Sammelwerken.

Hauthal-Stegner, Hildrun
Die 1931 in Naumburg/Saale geborene Autorin wurde durch den frühen Tod des Vaters sowie Kriegs- und Nachkriegserlebnisse zeitig zur

Selbstständigkeit erzogen. Zu DDR-Zeiten erhielt sie als Beamtentochter keine Zulassung zu einem Germanistik- oder Journalistikstudium, konnte aber die Fachschule für Bibliothekswesen in Berlin absolvieren. Von 1953 bis 1991 arbeitete die heute im südöstlichen Harzvorland lebende Autorin als Bibliothekarin.

Von Hildrun Hauthal-Stegner, die seit mehr als sechs Jahrzehnten Gedichte schreibt, erschienen im Frieling-Verlag der Lyrikband „Laub vom Lebensbaum" (1996), die „Erinnerungen eines Mädchens aus einem verkauften Land" (1997) sowie weitere literarische Texte in 37 Sammelwerken. Die vorliegenden Gedichte zeigen den glasklaren Blick der Autorin auf die Welt und auf das, was in ihr vorgeht.

Heinz, Elisabeth
Die heute in Wiesbaden (Hessen) und Bruchsal (Baden-Württemberg) lebende Autorin ergriff nach Abschluss ihrer schulischen Ausbildung den Beruf der Buchhändlerin. Lange Zeit war sie in der Universitätsbuchhandlung N. G. Elwert in Marburg tätig. Später übte sie viele Jahre eine Steuerberatertätigkeit aus.

Das literarische Schaffen von Elisabeth Heinz, deren Hobby von jeher das Fabulieren und das Aufschreiben kleiner Geschichten waren, umfasst zahlreiche Gedichte und Prosaarbeiten. Im Frieling-Verlag erschienen Texte aus ihrer Feder in bislang neun Sammelwerken.

In der vorliegenden Anthologie präsentiert uns die Autorin nun erneut einige Kostproben aus ihrem lyrischen Schaffen.

Jesse, Horst
Der Autor, Jahrgang 1941, ist Pfarrer der Evangelisch-Lutherischen Landeskirche in Bayern, verheiratet und hat fünf Kinder. Er gründete 1984 in Augsburg den „Bert-Brecht-Kreis" und promovierte an der Ludwig-Maximilians-Universität in München in Neuerer Deutscher Literatur über die Lyrik Bertolt Brechts.

Horst Jesse (www.dr-horst-jesse.de) veröffentlichte mehrere Bücher zu theologischen, kirchengeschichtlichen und literarischen Themen. Im Frieling-Verlag erschienen von ihm die Monografien „Leben und Wirken des Philipp Melanchthon" (1998) und „Friedrich Daniel Ernst Schleiermacher. Der Kirchenvater des 19. Jahrhunderts" (2002, ISBN 978-3-8280-1720-7) sowie publizistische und literarische Beiträge in insgesamt 27 Sammelwerken.

Lauinger, Heinrich
Der 1946 in Karlsruhe geborene Autor studierte an den Universitäten Freiburg, Innsbruck und Karlsruhe Germanistik, Geschichte, Rechtswissenschaft und Philosophie; in Karlsruhe legte er das Magisterexa-

men ab. Nach Tätigkeiten als Lehrerassistent in England sowie als Privatlehrer war er als freier wissenschaftlicher Mitarbeiter an der Universität Karlsruhe beschäftigt.

Im Frieling-Verlag erschienen von Heinrich Lauinger im Zeitraum 1994 bis 2011 die Bücher „Formen und Funktionen des Schmollens in den Seldwyla-Novellen von Gottfried Keller" (ISBN 978-3-89009-749-7), „Goethes Schweizer Reisen 1779 und 1797" (ISBN 978-3-89009-821-0), „Von Märchenwiesen und Löwenzähnen", „Reise nach Rhodos" und „Der Berater des Präsidenten" (Bd. I, ISBN 978-3-8280-1251-6; Bd. II, ISBN 978-3-8280-1294-3; Bd. III, ISBN 978-3-8280-1444-2; Bd. IV, ISBN 978-3-8280-1491-6; Bd. V, ISBN 978-3-8280-2928-6). Weitere literarische Texte aus seiner Feder wurden in 49 Frieling-Sammelwerken veröffentlicht.

Molzen, Jürgen
Jürgen Molzen wurde 1943 in Berlin-Wedding als Sohn von Arthur und Charlotte Molzen geboren, eines Lokomotivführers und einer Hausfrau. Der gelernte Betriebsschlosser studierte später und lebt jetzt als Rentner in Berlin. Seine liebe Ehefrau, Annelies Molzen, ist ihm Kameradin und Unterstützerin seines Hobbys „Gelegenheitsdichtung" und wandert mit ihm durchs Leben, wofür er ihr herzlichen Dank sagt: „Was meine Frau ohne mich schafft, / das find' ich schau: Welch eine Kraft! / Ich zähle sie darum zu Recht/ Jedenfalls nie zum schwachen Geschlecht!"
Im Frieling-Verlag Berlin erschienen vom Autor in der Reihe Humor das Buch „Geständnisse und Irrtümer. Von der ersten Mode bis zur ‚Zeitfrage', Aphorismen und Gedichte" (ISBN 3-89009-260-8). Der Autor ist zudem in zahlreichen Sammelwerken des Verlages vertreten. Jürgen Molzen veröffentlichte zudem viele weitere literarische Texte in zahlreichen Sammelwerken, unter anderem im Jahr 2007 im Lyrik-Jahreskalender des Frieling-Verlages Berlin. In der „Welt der Poesie" war er zuletzt 2013 mit eigenen Arbeiten präsent.

Neumann, Klaus-Peter
Klaus-Peter Neumann wurde 1958 in Göttingen geboren und arbeitet seit 1979 im Öffentlichen Dienst. Der Autor geht vielfältigen Hobbies nach, wie z. B. Billard, Bowling und Schach, aber auch der Schwarz-Weiß-Fotografie, inklusive eigenem Fotolabor. Des Weiteren gehört Klaus-Peter Neumanns Herz der Musik – er textet und komponiert selbst – und der Literatur. Kurzgeschichten, Gedichte und lustige Zweizeiler gehören zu den Spezialitäten des Autors. Sein Lebensmotto lautet: „Der erste Tag nach dem Ende der Unendlichkeit beginnt mit der Zukunft vor der Vergangenheit!"

Nach seinem Debüt in der diesjährigen Frühjahrsanthologie „Ly-La-Lyrik" unterhält uns Klaus-Peter Neumann nun wieder mit heiter-ironischen Versen.

Oktay, Barut
Barut Oktay wurde 1974 in Usingen im Hochtaunuskreis als Sohn türkischer Eltern geboren. Als er sechs Jahre alt war, kam er zu seinen Großeltern nach Trabzon in der Türkei. Im Alter von 13 Jahren kehrte der Autor zu seinen Eltern nach Neu Anspach zurück. Barut Oktay beschäftigt sich seit seiner Kindheit intensiv mit der Natur. Als streng gläubiger Mensch setzt er sich zudem täglich mit seinem Schicksal auseinander, entwickelt Visionen und legt seine Gedanken schriftlich nieder. Sein Traum ist es, seine gesamten Schriften eines Tages zu veröffentlichen. Sein literarisches Debüt gab er in der diesjährigen Frühjahrsanthologie „Ly-La-Lyrik" des Frieling-Verlages Berlin. In der vorliegenden Edition findet sich nun wieder eine Auswahl an gefühlvollen und tiefsinnigen Gedichten des Autors.

Steinhoff, Nancy
Die Autorin wurde 1974 in Solingen (NRW) geboren, wo sie auch heute lebt. Sie ist Justizangestellte und schreibt seit ihrer Kindheit Gedichte, von denen bereits viele in verschiedenen Zeitschriften und Anthologien veröffentlicht wurden, unter anderem im R. G. Fischer Verlag, Frankfurt am Main, Herbert Utz Verlag, München, Karin Fischer Verlag, Aachen, Aurora Buchverlag, Berlin, und bei der Brentano-Gesellschaft, Frankfurt am Main (Veröffentlichungen in der Frankfurter Bibliothek und in der Bibliothek deutschsprachiger Gedichte). Im Frieling-Verlag Berlin erschienen Gedichte aus ihrer Feder in insgesamt sieben Ausgaben der Sammelwerke „Ly-La-Lyrik", „Welt der Poesie" und „Im Regenbogenland" sowie in einem Literaturkalender.

Vonderau-Prütz, Cornelius
Dr. Cornelius Vonderau-Prütz wurde 1959 in Berlin geboren und studierte Musikwissenschaft, Publizistik und Psychologie. Zudem erhielt er eine spezielle Ausbildung in den Fächern Klavier und Klavierpädagogik. Der Autor ist hauptberuflich als Klavierlehrer tätig, veröffentlicht aber nebenbei auch musikpublizistische Arbeiten, gibt pädagogische Kurse und hat pianistische Auftritte. Seit einigen Jahren gilt sein Interesse verstärkt der Literatur; so verfasst er Gedichte und wirkt in einem Literaturkreis mit. Der Autor lebt mit seiner Familie in Berlin. Von Dr. Cornelius Vonderau-Prütz erschienen bereits Gedichte im Frankfurter Literaturverlag und in der Brentano-Gesellschaft. Mit den

hier vorliegenden lyrischen Texten über die Liebe gibt er nun sein Debüt im Frieling-Verlag Berlin.

Wich, Sabine
Sabine Wich wurde 1968 in Bamberg geboren, ist Mutter zweier Kinder und lebt heute in München.
Die Autorin unternahm und unternimmt viele Wanderungen, auf denen sie sich inspirieren lässt von allem, was die Sinne berührt. Das geschriebene Wort sieht sie als ideale Möglichkeit, persönliche Empfindungen und äußere Bilder miteinander zu verknüpfen und auszudrücken. Die Grundstimmungen in all Ihren Texten sind: innere Führung, „Ja" zum Schicksal und Gottvertrauen. Sabine Wich nahm im vergangenen Jahr erstmals an der „Welt der Poesie" teil und lässt uns nun wieder teilhaben an ihrem vielfältigen lyrischen Schaffen.